Efua Traoré
SISTER SPIRIT

Efua Traoré

SISTER SPIRIT

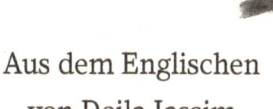

Aus dem Englischen
von Dejla Jassim

KARIBU

An alle Suchenden ...
... möget ihr euer Zuhause finden.

Dieses Buch enthält potenziell triggernde Inhalte in Form von Rassismus, Homophobie und Suizid. Gehe bitte behutsam mit dir um, und sprich mit jemandem darüber, falls es dir während des Lesens nicht gut geht. Du kannst dich – auch anonym – an die Telefonseelsorge wenden unter 0800/1110111.

ENGLAND

Prolog

Ein Windstoß blies ihr das Tuch vom Kopf und wirbelte durch ihre langen, dunklen Locken. Vor lauter Eile schrammte sie sich den Oberschenkel auf, als sie durch das Fenster stieg. Die Wunde auf ihrer blassen Haut färbte sich dunkel und war sogar im schwachen Mondlicht sichtbar.

Sie ignorierte das Pochen und stemmte das andere Bein über den Fenstersims, wobei ihr dünnes Nachthemd zerriss.

Rasch knüllte sie den ruinierten Saum zusammen und stolperte hinaus in die Nacht. Der Drang, den sie verspürte, war kaum auszuhalten. Sie schnappte nach Luft, nicht aus Atemnot, sondern aus Verzweiflung. Schnell huschte sie über den Rasen, durch das weiche Moos zwischen den Bäumen und das dornige Gestrüpp und wurde nicht langsamer, bis sie kalten Stein unter den Füßen spürte.

Sie konnte es schon hören. Das Rauschen in der Ferne.

Fast war sie da.

Der Himmel zog auf, und weite Teile des Ozeans erstrahlten im Mondlicht. Gewaltige Felsen ragten aus der Landschaft empor. Der Wind peitschte sie von allen Seiten.

Nie war der Drang so stark gewesen. Mit einem Satz stand sie an der Felskante, ihre nackten Zehen krallten sich fest. Mit stechendem Schmerz in der Brust breitete sie die Arme aus und gab einen langen, herzzerreißenden Schrei von sich.

»Jiiimiii …!«

Kapitel 1

Ich betrachtete das Plakat an der Klassenzimmertür. Es war ausgeblichen, an den Rändern vergilbt und blätterte langsam ab. Ich malte mir aus, es runterzureißen, Fetzen für Fetzen die Tür zu häuten, bis nichts mehr übrig war.

Folge deinen Träumen.

Was für eine abgedroschene Phrase.

Was, wenn deine Träume dich verfolgen? Und dir nichts anderes übrig bleibt, als dich ihnen hinzugeben, jede Nacht aufs Neue. Egal, wie weh es tut.

»Tara Walther!«

Eine wütende Stimme riss mich aus meinen Gedanken.

»Würdest du uns deine Aufmerksamkeit schenken?« Mrs. Jacobs stand vor meinem Tisch und sah mich mit zornigen Augenbrauen an.

»Entschuldigen Sie, Mrs. Jacobs«, nuschelte ich und verdeckte meinen Notizblock. Er war voll mit Kritzeleien von der jungen Frau an der Klippe. Der Traum hatte längst meine Nächte eingenommen. Und nun drohte er, sich auch noch in meinem Alltag breitzumachen. Seufzend klappte ich den Block zu und versuchte, die Bilder zu verdrängen.

Jemand kicherte, und ich hob den Kopf. Mrs. Jacobs schaute mich noch immer an. »Wir waren gerade beim Thema Stammbaum und Familiengeschichte. Nachnamen und ihre Ursprünge. Hast du das mitgekriegt?«

»Oh, ähm ... ja, Walther ist ein alter germanischer Name, soweit ich weiß.«

Jetzt brachen alle in Gelächter aus. Blut rauschte mir ins Gesicht, und meine Wangen wurden knallheiß. Mit meinem Afro und meiner braunen Haut sah ich alles andere als germanisch aus, das war mir klar. Und auch sonst sah ich meinen Eltern kein bisschen ähnlich. Kein Wunder, schließlich war ich adoptiert.

Mrs. Jacobs schnaubte genervt. »Habe ich dich nach einer Erklärung gefragt? Ich möchte bis nächste Woche einen einseitigen Aufsatz inklusive eines Stammbaums über vier Generationen. Das ist die Hausaufgabe. Für alle.«

»Oh!« Jetzt kapierte ich es. Ich senkte den Kopf.

In letzter Zeit kam ich mir ständig *anders* vor als die anderen. Ich wusste, warum. Es war der Traum. Je öfter ich von ihr träumte, desto mehr wollte ich wissen, wer sie war. War diese Frau etwa meine ...

Die Schulglocke läutete schrill. Stühle kratzten über den Boden, und alle sammelten ihre Bücher zusammen.

Maxine fiel mir ins Auge. Mit einem mitleidigen Lächeln kam sie auf mich zu. Sie hatte ganz bestimmt nicht gelacht, darauf konnte ich mich verlassen. Beim Mittagessen würde sie den Vorfall nicht ansprechen, und wir würden stattdessen über Gott und die Welt reden. Über TikToks, das nächste Buch auf unserem gemeinsamen TBR-Stapel oder Staffel 4 unseres Lieblingsanimes. Über alles, nur nicht unsere Gefühle. Dann würden wir zusammen nach Hause laufen, denn wir wohnten, seit wir klein waren in derselben Straße. So lief es schon immer.

Ich wusste nicht, wie es sonst sein sollte. Wie sollte man über Gefühle reden, wenn man sich selbst so fremd war?

Bevor Maxine an meinem Tisch ankam, schnappte ich Notizblock und Schultasche und rannte davon.

Kapitel 2

Ich versuchte, mich unbemerkt ins Haus zu schleichen, aber Mum rief sofort: »Hallo, Schatz! Schon so früh zurück?«

»Ja ... Gab beim Mittagessen nichts Leckeres, und ich hatte sowieso keinen Hunger«, log ich.

»Ich habe noch nichts auf dem Herd.«

»Ich habe keinen Hunger!«, entgegnete ich lautstark und warf meinen Rucksack in die Ecke.

Vergangene Generationen von Walthers beäugten mich in ihren steifen weißen Kragen von den Fotos an der Wand aus. Ich musste an unsere blöde Stammbaum-Hausaufgabe denken und zuckte zusammen.

Die würde ich ganz bestimmt nicht abgeben.

Agnes und Ludwig Walther schienen gar nicht begeistert darüber, also schaute ich zu Grandma Lisbeth und Grandpa Matheus, die ich sowieso lieber hatte. Ich erinnerte mich noch an ihr gemütliches Häuschen zwischen grünen Hügeln und den

Duft frischer Scones, der immer durch ihre kleine Küche mit den rot-weiß karierten Vorhängen wehte. Wie Grandma mich im Arm hielt und mir mit leiser Stimme etwas vorlas. Wie Dad und Grandpa mit mir angeln waren. War ich als Kind zufriedener gewesen? Hatte ich mir weniger den Kopf darüber zerbrochen, wer ich war? In meinen Erinnerungen war alles so unbeschwert.

Mein Blick fiel auf das Foto von mir auf Dads Schoß und Mum, die sich lächelnd zu uns lehnt. Sie wirkten … stolz. Ich muss etwa vier gewesen sein. Ich betrachtete mein Gesicht, versuchte, mehr zu erkennen als nur den scharfen Kontrast zwischen meinen schwarzen Haaren, meiner braunen Haut und meinen blassen, blonden Eltern. Auf dem Foto lächelte ich. Anscheinend gab es früher eine Zeit, in der ich glücklicher gewesen war. Doch seit den Träumen waren meine Erinnerungen verschwommen. Meistens spürte ich nichts.

»Wie wär's mit Nudeln mit Pesto?«, rief Mum.

»Gott, Margie, sie hat gesagt, sie hat keinen Hunger! Kannst du bitte aufhören, durchs ganze Haus zu schreien, ich versuche zu arbeiten!« Dads Stimme war so nah, dass ich aufschreckte.

Er saß am Esstisch, sein langer, schmaler Rücken über einen Stapel Papiere gebeugt. Dad war Architekt und arbeitete oft von zu Hause aus, dementsprechend lagen in der Regel überall Baupläne, Bleistifte und sein Laptop herum.

Dad hatte lange Haare, für Mums Geschmack zu lange, die sein dickes Brillengestell halb überdeckten.

»Hey, Tara, alles klar?« Er senkte die Brille und streckte den Arm aus. Normalerweise umarmten wir uns nicht, aber vielleicht spürte er, dass etwas nicht stimmte.

Sehnsucht nach der Geborgenheit aus den Fotos überkam mich, also ging ich wortlos zu ihm rüber und fiel ihm in die Arme.

***

Ich schreckte auf und schnappte nach Luft. Diesmal hatte sich der Traum so echt angefühlt.

Mein nasskalter Schlafanzug löste sich von mir wie eine zweite Haut.

Alles in mir zog sich zusammen. In den Schatten an der Wand sah ich noch immer die grauen Felsen vor mir. Sie ragten empor wie Messer, zeigten auf mich.

Auf einmal klaffte der Boden auf, und Wind blies ins Zimmer. Das Peitschen der Wellen am Felsen ertönte, und vor mir tat sich ein Abgrund auf. Ich schrie und klammerte mich an mein Bett. Doch statt einer weichen Matratze bekam ich harten Stein zu spüren.

Dort stand sie, nur wenige Meter von mir entfernt, die Arme ausgestreckt ins Dunkle.

Dann war da ein grelles Licht, heiße staubige Luft, und die Landschaft raste an mir vorbei wie ein Güterzug. Ich griff nach dem spitzen, rauen Felsen, mein Magen verkrampfte, und mit einem Mal verwandelte sich der dunkle Wald in einen sattgrünen Dschungel, und aus feuchter Erde wurde roter Sand.

Alles stand still. Der Felsen fühlte sich unter meinen schwitzigen Händen plötzlich wärmer an, weicher und runder. Fort war der graue Ozean. Vor mir ragte ein seltsamer Baum, verwurzelt in hartem Stein. Die Frau war weg, und auch die grauen Klippen verblassten in der Sonne.

Trauer überkam mich, zog mich runter. Meine Glieder gaben nach, und ich versuchte, fester zuzugreifen, doch meine Finger rutschten ab, und ich stürzte ins Nichts.

Kreischend fand ich mich in meinem Zimmer wieder, zurück auf meinem schweißgetränkten Kissen. Dad und Mum lehnten über mir, ihre Mienen schlaftrunken und besorgt.

Kapitel 3

»Maxine hat dir die Hausaufgaben mitgebracht.«

Ich lag ausgestreckt auf dem Bett und versuchte zu lesen.

Mum stand verunsichert im Türrahmen, und Lulu, unser rotes kleines Fellknäuel, kam schnurrend zwischen ihren Beinen hervorgeschlichen. Ich streichelte ihr wolkig weiches Fell.

Mum legte die Arbeitsblätter auf meinen Tisch. »Sie wünscht dir gute Besserung und sagt, du sollst Seite 65 im Mathebuch bearbeiten. Für Englisch sollst du den Artikel lesen und die Fragen beantworten.«

»Alles klar, danke.«

Maxine hatte offenbar nicht gefragt, ob sie reinkommen durfte. Ich seufzte. Was tat ich da bloß? Ich ignorierte ihre Nachrichten, mied sie in der Schule und wies jeden ihrer Versuche ab, unsere Freundschaft aufrechtzuerhalten. Das war's dann wohl, sie hatte aufgegeben.

Genau wie die Ärztin. Alles sei in Ordnung, zumindest mit meinem Körper. *Es ist psychisch*, hatte sie gesagt.

Eine Woche war der letzte Traum her, und die hatte ich zu Hause verbracht. Der Druck auf meiner Brust war fast weg, und ich atmete wieder halbwegs normal. Doch das brennende Pochen in meinen Adern war noch da. Die Leere auch, die Sehnsucht.

»Dann lass ich dich mal mit den Hausaufgaben allein«, sagte Mum mit leiser Stimme. »Brauchst du noch was? Eine Cola vielleicht?« Sie sah mich unbeholfen an.

Ich schüttelte den Kopf, und sie ging.

Kaum war die Tür geschlossen, warf ich mein Buch beiseite. Warum war ich nur so anstrengend? Ständig bereitete ich meinen Eltern Sorgen. Manchmal fragte ich mich, ob sie bereuten, sich für mich entschieden zu haben.

Ich nahm mein Handy und tippte:

> Danke für die Hausaufgaben, Max! Sorry, dass ich mich nicht gemeldet habe. Ich weiß, ich bin gerade keine gute Freundin. Ich muss nur erst mal klarkommen. Bitte sei nicht böse.

Ich löschte das »Bitte sei nicht böse« und schickte die Nachricht ab. Vielleicht würden mich die Hausaufgaben ja ablenken.

Die Sonne schien seitlich in mein Zimmer und warf lange Schatten über den Holzboden. Ich schaltete meine Lampe an und setzte mich, massierte mir die Schläfen. Beim Gedanken an die Nacht, den Traum, erstarrte ich.

Sie wollte mir etwas sagen, ich spürte es. Ich hatte so viele Fragen. Wer war Jimi oder Jimmy? Warum hat sie nach ihm gerufen, so sehnsüchtig und traurig? War er ihr Sohn? Ein Verflossener?

Am meisten machte mir Angst, dass es sich nicht wie ein Traum anfühlte. Sondern wie eine Erinnerung.

Meine leiblichen Eltern hatten mich nie interessiert. Mum und Dad hatten mir zwei Mal angeboten, über die Adoption zu reden. Das erste Mal mit fünf. Ich kam weinend von der Schule nach Hause. »Warum sehe ich anders aus als die anderen? Ich mag nicht braun sein. Ich will sein wie ihr.« Die Erinnerung ließ mich immer noch zusammenzucken. Damals hatten sie mich bloß entsetzt angesehen. Irgendwann brachten sie es übers Herz, mir von einer anderen Mummy zu erzählen, doch das machte alles nur noch schlimmer. »Ich will keine andere Mummy«, rief ich. Es war schon schlimm genug, anders zu sein. Aber andere Eltern zu haben, war eine grauenhafte Vorstellung.

Das zweite Mal war ich zehn. Irgendein Witzbold hatte beim Schulsommerfest einen dummen Kommentar abgegeben. »Schaut mal, diese schräge Familie! Die sieht ja gar nicht aus wie ihre Eltern. Warum ist die so dunkel und ihre Eltern weiß?« Seine Mutter hatte beschämt ausgesehen und mit ihm geschimpft. Am liebsten hätte ich die Sache vergessen, aber an dem Abend hatten Mum und Dad das Gespräch gesucht. Sie hatten keine Ahnung, wie oft ich solche Kommentare abbekam. Es war nichts Neues gewesen. Ich hatte mir angewöhnt, es zu ignorieren.

Aber jetzt war alles anders. Ich hatte Fragen, und zwar viele.

Ich musste wissen, ob die Frau in meinen Träumen eine Erinnerung war. Ob sie meine Mutter war.

* * *

»Wie alt war ich?«

Mum und Dad putzten die Küche, wir hatten gerade gegessen. Ich krächzte fast, aber ihrem verstohlenen Blickwechsel nach zu urteilen, wussten sie genau, wovon ich sprach.

Mum räusperte sich. »Du meinst, als wir ...«

»Ja!«, unterbrach ich sie. »Wie alt war ich, als ihr mich adoptiert habt?« Ich konnte ihnen nicht in die Augen sehen und sank in einen Stuhl.

Mum wischte sich die Hände an ihrer Jeans ab.

»Bist du dir sicher, dass du das jetzt hören willst?«, begann sie. Dad hob eine Braue, doch sie fuhr fort. »Schatz, ist es wegen deinen Albträumen?«

Ein leichtes Schuldgefühl durchfuhr mich, und ich schüttelte den Kopf. »Ich will alles über mich wissen. Ich bin so weit.«

»Oh Tara, natürlich!«, sagte Mum, und ihr Pferdeschwanz schwang heftig durch die Luft.

Dad fackelte nicht lange. »Du warst zwei.« Er versuchte, nüchtern und abgebrüht zu klingen, aber seine versteiften Schultern verrieten mir, dass er genauso nervös war wie Mum und ich.

Ich hatte dieses Gespräch so lange aufgeschoben, der kleine Riss zwischen mir und meinen Eltern war inzwischen eine riesige Kluft. Ich stand auf der anderen Seite, versuchte, eine Brücke zu ihnen zu finden. Oder war es eine Brücke zu mir selbst?

»Erst zwei?«

»Ist das schlimm?«, fragte Mum. »Es war toll, dich schon so früh zu haben. Gut für unsere Bindung.«

»Manchmal kommen mir Erinnerungen, und ich dachte …«

»Dass es sich um deine frühere Familie handelt?«, fragte Dad.

Ich nickte und verkniff mir Tränen.

»Die Erinnerungen …«, begann Mum. »Meinst du damit deine Albträume?«

Wieder nickte ich und versuchte, ihren besorgten Blicken auszuweichen.

»Halte ich für unwahrscheinlich«, sagte Dad. »Zwei ist ziemlich jung.«

»Ich weiß«, entgegnete ich und biss mir auf die Lippe.

»Wir wissen nichts über deine leiblichen Eltern, Tara.« Mum war vorsichtig in ihrer Wortwahl, um ja nicht den schlafenden Riesen zu wecken. »Es gab da nur deine leibliche Mutter und leider …« Sie sah Dad an.

»Sie ist tot, oder?«, fragte ich.

Aus irgendeinem Grund wusste ich es. Mum nickte. »Es tut mir leid.«

»Wir haben etwas von ihr«, sagte Dad und warf Mum einen verunsicherten Blick zu. »Willst du es sehen?«

* * *

Es war ein schmales, silberblaues und an den Seiten leicht abgenutztes Buch. Ein Tagebuch, genauer gesagt. Ohne Datum, stattdessen waren die Einträge getrennt durch kleine oder große Lücken. Ganze Sätze standen auch nicht wirklich drin, eher zusammenhangslose Wörter. Dazwischen waren Kritzeleien gequetscht, die keinen Sinn machten.

Mit jeder Seite, die ich umblätterte, wuchsen meine Sorgen. Da waren Zeichnungen von Blut und Totenköpfen. Mein Atem stockte beim Anblick einer Hand, die einen menschlichen Kopf hielt, die Finger tief in dessen aufwendig geflochtene Haare gegraben. Der Kopf hatte ein verzogenes Gesicht, und Blut tropfte aus seinem durchtrennten Hals. Ich schlug das Buch zu.

Meine Träume konnten unmöglich Erinnerungen sein, dafür war ich damals zu jung. Und jetzt war die einzige Person tot, die mir Antworten liefern konnte, und ihr Tagebuch eine absolute Horrorshow.

Dad hatte mich gewarnt, mich nervös in die Arme geschlossen, als er mir das Buch gegeben hatte. »Die Einträge sind keine leichte Kost. Wir sind sie damals durchgegangen, auf der Suche nach Infos.« Er wirkte betreten. »Wir wollten wissen, ob dir irgendein Essen nicht schmeckt oder ob du Allergien hast. Dazu stand dort nichts. Ich ... ich glaube, es ging ihr nicht gut.«

Auf einmal kam mir ein eiskalter Gedanke. Was, wenn auch ich gerade den Verstand verlor?

Ich blätterte noch einmal durch das Buch, dann warf ich es auf meinen Schreibtisch. Doch bevor es zufiel, sprang mir etwas ins Auge. Ich erstarrte. Es kam mir bekannt vor. Ein Wort, gekritzelt unter die Zeichnung eines Felsens, rund und massiv, mit einem großen Baum davor.

Ich nahm das Buch und blätterte mit zittrigen Fingern weiter. Ich wusste es.

Ich kannte diesen Felsen. Und das Wort ... Ich starrte darauf, erstickte fast daran. Es stand da in wackligen Buchstaben, verschmiert, als wäre eine Träne darauf getropft:

... Ji ... mi ...

Kapitel 4

»Dad, das ist mir so wichtig«, wimmerte ich und knetete das Sofapolster. Keine Ahnung, was los war, aber seit diesem Traum vom Felsen und Baum hatte ich nur noch ein Lebensziel: dorthin fahren. Nächtelang hatte ich Artikel und Websites über Felsen durchforstet, Felsen in fernen Dschungeln. Eines Nachts, als meine Augen vor Müdigkeit schon rot angeschwollen waren, hatte ich es vor mir gesehen: ein Foto, das mein Hirn Alarm schlagen ließ. Es handelte sich um den heiligen Olumo-Felsen in einer Stadt namens Abeokuta, in Nigeria. Der Baum, der dort wuchs, war ein Irokobaum. Dort würde ich alle Antworten finden, ich war mir ganz sicher.

In Nigeria!

»Hm, wir könnten die Adoptionsstelle oder das Jugendamt kontaktieren«, sagte Dad zögerlich. »Und herausfinden, ob es eine Verbindung nach Nigeria gibt. Wir wissen nicht, welche Staatsangehörigkeit deine leiblichen Eltern hatten.«

»Vielleicht haben sie die Kontaktdaten von deinem leiblichen Vater«, sagte Mum verständnisvoll. »Er könnte deine Fragen bestimmt beantworten.«

Ich schüttelte hastig den Kopf. Ich konnte es nicht erklären. Es war mehr als nur eine Ahnung. Es war ein Drang, er zerrte regelrecht an mir, loderte in meinem Inneren.

»Ich verstehe, dass dir das Thema wichtig ist, aber wir können nicht einfach den nächstbesten Flieger in ein Land nehmen, über das wir nichts wissen. Und dort einen Felsen besichtigen, den du im Traum gesehen hast!« Dad ging unruhig auf und ab.

Ich riss mich zusammen. »Ich brauche keine Bestätigung von irgendeiner Behörde. Ich weiß, es klingt verrückt, aber ich bin mir ganz sicher.«

Beim Wort »verrückt« musste meine Mutter zucken, und Dad setzte sich zu ihr aufs Sofa. Wieder war da diese Angst in ihren Augen. Ich verdrängte den Gedanken, der jedes Mal aufkam, wenn ich mich so anstellte. *Bereuten sie die Adoption?*

Ich holte tief Luft. »Der Felsen und der Baum, ich habe sie ganz deutlich vor mir gesehen«, begann ich. Mum vergrub ihr Gesicht in ihren Händen.

»Tara, die letzten Wochen haben dir wirklich zugesetzt. Überleg dir doch, ob du nicht wieder eine Therapie machen willst.«

Ich sprang auf und schüttelte den Kopf. »Ich bin nicht verrückt!«

»Das hat auch keiner gesagt«, erwiderte Dad. »Wir glauben

nur, du könntest jemanden zum Reden gebrauchen. Jemanden, der Ahnung von solchen Dingen hat.«

»Ich will nicht mehr zu Dr. Shuklah. Das hat nichts mit meiner Psyche zu tun. Mir geht's gut.« Ich stürmte in mein Zimmer und knallte die Tür hinter mir zu.

Meine Lampe warf einen grellen Lichtkegel auf meinen Schreibtisch. Knapp außerhalb davon lag das silberblaue Tagebuch. Genau wie alles andere, was ich unbedingt verstehen wollte, schien es im Dunkeln bleiben zu wollen, außer Reichweite.

* * *

Die nächsten paar Tage verbrachte ich im Bett und weigerte mich, zur Schule zu gehen.

Das Thema kam nicht wieder auf, bis meine Eltern mich ins Wohnzimmer riefen.

»Wir haben die Adoptionsstelle und das Jugendamt kontaktiert«, sagte Dad und strich sich das Haar hinter die Ohren.

Ich kaute an meinem Fingernagel. »Und?«

»Sie haben nicht viele Infos. Deine leibliche Mutter hatte wohl selbst kaum Kontakt zu ihrer Familie. Sie hieß Ruth Bensworth.«

Ich schluckte. Ruth. Seltsam, einen Namen zu hören, der mir eigentlich etwas bedeuten sollte.

»Bensworth ist ihr Mädchenname. Sie war unverheiratet und

lebte allein in einer kleinen Wohnung«, fuhr Dad fort. »Eine besorgte ältere Person von nebenan hat einmal ausgesagt, sie hätte nie Besuch von Freunden oder Familie gehabt. Sie war wohl ziemlich in sich gekehrt.«

Dad holte Luft. »Es gab ein paar Versuche …«, sagte er. »Versuche, nach ihrem Tod ihre Familie zu kontaktieren. Aber die sind alle im Sand verlaufen. Sie hat einen Vater, aber der will mit alldem nichts zu tun haben. Die Behörden haben die klare Anweisung, ihn aus der Sache rauszuhalten. Sie durften uns seinen Namen und seine Kontaktdaten nicht nennen.«

Stille trat ein. Ich spürte ihre Blicke auf mir.

Mein Magen drehte sich um. Nicht, weil anscheinend niemand mich je gewollt hatte – auch wenn das ein bisschen wehtat. Nein, weil Ruth sich abgeschottet hatte und die Wahrscheinlichkeit, dass ich mehr über sie erfahren würde, gleich null war. Meine Eltern würden niemals mit mir zum Olumo fahren, keine Chance.

»Das ist alles?«, fragte ich.

Dad rutschte nervös auf seinem Stuhl herum. Mum schaute auf ihre verschränkten Hände.

»Dad, Mum, bitte! Ich muss wissen, was das alles zu bedeuten hat. Warum ihr dieser Felsen so wichtig ist und warum sie sich umgebracht hat.«

»Was hast du gerade gesagt?« Mum quietschte fast.

»Das haben wir dir nie erzählt. Wie kommst du darauf?«, fragte Dad. »Steht in ihrem Tagebuch was davon? Ich hätte es dir nie geben sollen. Wir haben alles nur noch schlimmer gemacht.«

»Nein, sie hat nichts dazu geschrieben«, entgegnete ich rasch. »Die meisten Einträge machen sowieso keinen Sinn. Sie hat unter irgendetwas gelitten. Ich glaube, sie hatte denselben Drang wie ich. Eine Art Sehnsucht. Ich weiß nicht, warum, aber mir geht es genau wie ihr.«

Dad und Mum tauschten Blicke aus.

»Warum gehst du davon aus, dass sie sich das Leben genommen hat?«, fragte Mum.

»Ich … ich weiß es einfach«, sagte ich. »Ich kann es nicht erklären.«

Sie sahen mich bloß an. Angst huschte über ihre Gesichter wie ein Schatten. Mum schob sanft ihre Finger in Dads geballte Faust.

»Nun ja«, seufzte Dad. »Das Jugendamt hat die Aussage der Person von nebenan bestätigt. Dass dein leiblicher Vater nie im Bilde war. Und weil du im Gegensatz zu Ruth dunkle Haut hattest, hat sie Ruth einmal nach ihm gefragt. Ruth meinte, er sei aus Nigeria.«

Ich sprang auf.

»Glaubt ihr mir jetzt?«

Dad hob die Hände. »Das muss gar nichts heißen. Es könnte Zufall sein.«

»Was? Das kann nicht dein Ernst sein«, warf ich zurück. »Mum?«

Mum zuckte mit den Schultern. Ihre grauen Augen waren müde und ihr Kiefer angespannt vor Sorge. »Wir finden, das Ganze läuft aus dem Ruder. Es tut dir nicht gut. Hast du dir mal überlegt, die Sache einfach hinter dir zu lassen? Das macht dich noch krank.«

»Nichts zu wissen, macht mich krank, Mum. Meine seltsamen Träume und Erinnerungsfetzen machen mich krank.«

Ich stampfte in mein Zimmer zu meinem Laptop.

Ich rief eine Suchmaschine auf und begann zu tippen: Bensworth, Haus, Küste, Klippen, England.

Kapitel 5

Das war eine meiner dümmsten Ideen. Durch das Tor schaute ich auf das große, mit Efeu überwucherte Haus. Krumme Bäume kratzten mit ihren vertrockneten Ästen am Dach, warfen einen Schatten darauf. Vielleicht war das Haus mal fröhlich gelb gewesen, jetzt war es jedenfalls ausgeblichen und grau, hatte Moos auf dem Dach, Risse in der Wand und bedrohlich hohe Fenster. Ich war Hunderte Kilometer hierhergefahren, hatte Mum, Dad und die Schule angelogen. Endlich war ich hier und hätte nicht enttäuschter sein können. Das Haus kam mir überhaupt nicht bekannt vor.

Ich betrachtete das Tor. Es war rau vor Rost und Verwitterung, doch die kalte Härte an meinen Handflächen beruhigte mich. Ich hatte das seltsame Gefühl, beobachtet zu werden. Im Augenwinkel erhaschte ich, wie sich etwas im Fenster bewegte. Für einen Moment war da ein Gesicht.

Ich klingelte.

Und eine Minute später wieder. Und wieder. Es vergingen bestimmt fünf Minuten, bis jemand die knarzende Haustür öffnete.

Ein alter Mann kam auf mich zu. Er sah aus, als wäre er letztes Jahrhundert auf einen Ball gegangen und hätte sich seitdem nicht mehr umgezogen. Seine Kleidung war uralt und abgenutzt, doch er trug sie mit Stolz. Sein Haar war perfekt gekämmt.

Er musterte mich mit seinen trüben, blassgrauen Augen, die wie das Haus wahrscheinlich einmal farbenfroher gewesen waren. Für einen kurzen Moment dachte ich, er setzte zum Sprechen an, doch er schwieg.

»Ich heiße Tara Walther«, legte ich los und klang dabei nicht ganz so souverän, wie ich es mir erhofft hatte. »Ich bin die Tochter von Ruth Bensworth.«

Die tiefen Falten um seine schmalen Lippen und Augen regten sich nicht. Hatte er mich überhaupt verstanden? Er verlagerte sein Gewicht, als wollte er sich wegdrehen. Bei der Vorstellung, dass er mich hier stehen ließ, geriet ich in Panik. Dann griff er nach dem Schloss und öffnete das rostige Tor mit einem Quietschen.

Ich folgte ihm wie benebelt durch die hohe, knarrende Tür und einen modrigen Empfangssaal, behangen mit Familienwappen, Tropenhelmen, Gemälden und Geweihen. In einer Vitrine lagen lauter klotzige, aufwendig verzierte beige Armbänder, sie schienen aus Elfenbein zu sein. Der Mann lief zwar langsam, aber immer erhobenen Hauptes, trotz seines schmalen, buckligen Rückens.

Wir erreichten ein düsteres Zimmer, und ich musste fast loskichern. Das Arbeitszimmer war genau wie der Rest des Hauses ein Relikt vergangener Tage. Dicke, blutrote Vorhänge zierten die Fenster, und es roch schimmlig. Ein altes Ledersofa stand im schwachen Licht einer smaragdgrünen Lampe. Am liebsten hätte ich sofort die Fenster aufgerissen. Der alte Mann saß inzwischen in der dunkelsten Ecke und beäugte mich.

Ich ging einen Schritt auf ihn zu.

»Das ist nah genug«, sprach er mit dünner Stimme. »Was willst du?«

Meine Wangen glühten. Schon klar, was erwartet man auch von einem Mann, der seine mutterlose Enkelin im Stich gelassen hat. Aber wenn das mein Opa war, dann war er wirklich herzlos.

»Ich möchte etwas über meine leibliche Mutter erfahren«, sagte ich.

Irgendwo tickte eine Uhr. Sie hakte, als wäre selbst die Zeit hier alt und träge geworden.

»Sie ist schon lange nicht mehr da.«

»Ich muss … Dinge wissen … Ich weiß nichts über meinen leiblichen Vater, über die Vergangenheit meiner … über Ruths Vergangenheit. Ich will verstehen, was …« Ich verstummte. Wie konnte ich mein Anliegen nur klarmachen? Ich konnte ihm unmöglich erklären, dass es meine Träume waren, die mich hierhergebracht hatten.

Der alte Mann lehnte sich vor. Im Licht der Lampe sahen seine Gesichtszüge noch härter aus.

»Es ist immer noch nicht vorbei, stimmt's? Als ihre Tochter, als eine Bensworth, trägst du den Fluch in dir. Deswegen bist du hier, nicht wahr?«

»F-Fluch?«, stammelte ich. »Welcher Fluch?«

»Über Generationen haben die Frauen in dieser Familie uns nichts als Trauer, Grauen und Schande eingebracht. Wann nimmt das ein Ende?«

Ich wankte zurück. Wie ein Schwarm schwarzer Raben nisteten sich tausend Ängste in meinem Kopf ein.

Er fasste sich mit seinen dürren Fingern an den Hals, löste zitternd seine seidene Krawatte. Ein schwaches Husten entwich ihm.

»Ich wusste schon damals, ich muss mich von dem Kind fernhalten. Vor allem, als ich gehört habe, es sei ein Mädchen.«

»Ich verstehe nicht, welcher Fluch? Was meinen Sie?«

Er sah mir tief in die Augen. »Seit über hundertfünfzig Jahren lastet ein Unheil auf den weiblichen Bensworths. Jede Einzelne war geplagt von nächtlichen Erscheinungen, krankhaften Gedanken und unstillbarem Herzschmerz. Sie alle sind jung gestorben, immer war es Selbstmord.«

Ich schüttelte so heftig den Kopf, dass meine Sicht verschwamm.

»Du kannst jetzt gehen.«

Ich versuchte, meine Gedanken zu ordnen. Das soll es jetzt gewesen sein, oder was? Er musste mir doch mehr Informationen geben können. Irgendeinen Hinweis, worauf sich meine Träume bezogen. Das hier war kein Fluch. Es war ein Rätsel, das gelöst werden musste. Und es hatte etwas mit dem Felsen zu tun.

»Aber es muss doch einen Grund geben«, beharrte ich. »Wenn ich ihn nur wüsste, dann …«

Er lehnte sich in seinem Stuhl zurück. »Es ist der Fluch«, murmelte er und schloss die Augen. »Der Fluch.«

Als ich langsam Richtung Tor wankte, hörte ich es wieder. Das dumpfe Rauschen der Wellen.

Dann rannte ich zurück, einmal ums Haus herum. Ich sah im Augenwinkel, wie er mich am Fenster beobachtete, doch es war mir egal.

Ich rannte durch die verwachsenen Gebüsche und die Blumenbeete zwischen den Bäumen. Ich wusste sofort, aus welchem Fester sie sich geschlichen hatte, und fuhr mit den Fingern über den Sims, holte Luft. Dann ging ich weiter den Pfad entlang, auf dem ich ihr so oft gefolgt war.

Über den Rasen, der heute von Unkraut und Wildblumen überwuchert war, und das weiche Moos unter den pilzbefallenen Bäumen. Es wurde neblig, und mehrmals stolperte ich über eine Wurzel. Sie rannte hier immer barfuß herum, im Dunkeln. Ich wurde nicht langsamer, bis ich den harten Stein unter meinen Sneakern spürte, und die salzige Luft in meiner Nase. Über mir war endloser Himmel.

Und vor mir? Die hohe See und der bogenförmige Umriss der rauen Klippen. Genau wie in meinem Traum.

Der Drang in meiner Brust war wieder da, stärker denn je. Ich streckte die Arme zum Wasser, holte tief Luft und brach in Tränen aus. Unzählige, befreiende Tränen.

NIGERIA

Kapitel 6

Sobald wir in Lagos landeten, beruhigte sich mein Atem, als hätte sich ein Knoten in meinem Bauch gelöst. Mein Kopf fühlte sich federleicht an.

Jenseits der Landebahn sah es staubig aus, rotbraun und grün. In der Ferne sah man die lebhafte Stadt.

Gierig schnappte ich nach der würzig-erdigen Luft, ich konnte gar nicht genug von ihr kriegen.

»Meine Güte«, schnaubte Dad. »Das muss die heißeste, stickigste Luft sein, die ich jemals eingeatmet habe.« Die dicken Schweißtropfen auf seiner Stirn erinnerten an Luftpolsterfolie.

Ich grinste und klopfte ihm auf die Schulter, immer noch vollkommen geplättet davon, dass sie mir ernsthaft erlaubt hatten, hier zu sein. Nachdem ich die Schule geschwänzt und nach meinem leiblichen Opa gesucht hatte, war ein heftiger Streit zwischen uns ausgebrochen, und ich hätte schwören können, meine Chance verspielt zu haben. Aber als sie sich eingekriegt und begriffen hatten, wie weit ich für diese Sache gehen würde, gaben sie nach.

Dad würde in den Sommerferien mit mir einen Kurztrip machen, hieß es. Natürlich stimmte ich all ihren Bedingungen zu: Ich würde wieder zu Dr. Shuklah gehen, an meinen Noten arbeiten und mir mehr Mühe mit Maxine und meinem Sozialleben geben. Egal, was sie von mir verlangten, ich würde es tun.

Wir hatten einen sechsstündigen Flug hinter uns, und trotzdem wollte ich nicht in Lagos übernachten. Stattdessen überredete ich meinen Vater, direkt nach Abeokuta weiterzureisen, die Stadt des Felsens. Wir fuhren mit dem Taxi zur Bushaltestelle, danach waren es nur noch knapp zwei Stunden.

Das Warten auf den Bus war eine laute Angelegenheit, unterhaltsamer als jeder Film. Leute riefen sich gegenseitig Dinge zu, schwitzten heftig, Musik dröhnte aus Lautsprechern, aus Taxis und Bussen, die fast platzten vor Gepäck, Fahrgästen oder Tieren. Krächzende Hühner in Körben und meckernde Ziegen wurden stapelweise in Lastwägen hin und her transportiert. Dad packte mich so fest am Arm, dass es wehtat, aber es kümmerte mich nicht. Ich war viel zu aufgeregt. Er machte einen jungen, oberkörperfreien Mann mit Sixpack aus, der uns gegen etwas Geld einen Platz im Bus verschaffte. Der Mann nahm Dads Koffer und warf ihn über die Schulter, dann gab er uns mit einem Winken zu verstehen, dass wir ihm folgen sollten. Ich stolperte den beiden hinterher, und mein schwerer Rucksack schwankte.

»Macht Platz, jareh, na los«, rief er und scheuchte ein paar Leute weg, als wären wir irgendwelche Promis.

Ein breites Tablett kam von oben auf mich zugerast wie ein UFO. Ich quietschte, wich aus und sah im Augenwinkel eine Frau, die frische Kokosnussscheiben und knallgelbe Ananasstücke auf dem Kopf balancierte. Sie wandte sich ab und hielt dabei das wackelige Tablett mit einer Hand fest. Verlockend kaltes Wasser tropfte mir ins Gesicht, aber Dad zog mich weiter.

»Die Oyinbos wollen nach Abeokuta«, rief der junge Mann einem Typen mit einer glänzenden Glatze zu, der gerade Kisten in einen klapprigen Bus lud. Fast platzte der Kleinbus vor Fahrgästen, die sich alle gleichzeitig umdrehten und Dad anglotzten.

»Sorry, Oyinbo, heißer Tag heute«, rief eine junge Frau mit einem Tablett Wasserflaschen auf dem Kopf meinem Vater zu.

Die Fahrgäste kicherten und beobachteten neugierig, wie Dad sich mit seinem Reisepass Luft zufächelte.

»Kaltes Wasser, wie wär's?«, fragte die Frau.

Dad schüttelte verdutzt den Kopf, und ich drückte seine Hand.

Der junge Mann reichte dem Fahrer Dads Koffer. »Alles klar, Oga, danke und Wiedersehen«, sagte er und verschwand in der Menge.

Der Fahrer winkte uns hinein.

»Oya, oya, Platz da«, rief er den Passagieren zu.

Ich zog meinen Rucksack aus und quetschte mich in die letzte Reihe neben drei Frauen. Sie alle hatten denselben rot-violetten Stoff an. Ihre dicken, glitzernd orangen Kopftücher streiften die Decke des Fahrzeugs. Dad zwängte sich in die mittlere Reihe zwischen zwei Männer und sah immer noch völlig überfordert aus. Der Fahrer drehte das Radio auf, und los ging der Spaß.

Bei der Vorstellung von Dads Gesicht konnte ich nicht aufhören zu grinsen. Mir machten die Hitze und der Lärm nichts aus. Die Afrobeats im Radio und das nigerianische Englisch des Moderators waren Nigeria pur. Diese Reise war jetzt schon ein Abenteuer. Die Frauen neben mir unterhielten sich auf Pidgin. Es klang melodisch und aufregend ungewohnt – als hätte jemand den faden Brei der englischen Sprache einmal kräftig gewürzt. Immer wieder schnappte ich vereinzelte Worte auf und musste mir verkneifen, sie nachzuplappern.

Der Bus ruckelte über Schlaglöcher und durch einen Stau, den ein paar Leute nutzten, um sich zwischen die Autos zu quetschen und den Fahrern und Beifahrern alles Mögliche durchs Fenster zu verkaufen. Auf dem Gehweg tummelten sich Menschen in verschiedenster Kleidung – monotone graue Anzüge, bodenlange weiße Kaftans mit goldener Verzierung, mittellange Kaftans mit Hosen darunter, wunderschöne Kleider aus bunten afrikanischen Stoffen und ganz normale Jeans und T-Shirts. Auch die Kopfbedeckungen waren beeindruckend – manche Männer trugen Hüte, die Frauen dagegen Hijabs oder riesige Turbane wie Kronen. Wieder andere hatten Braids, elegant hochgesteckt oder wellig bis zur Hüfte fallend.

Ich lehnte mich zurück, mit dem Singsang meiner Sitznachbarinnen in den Ohren. Ein vorfreudiges Kribbeln stieg in mir auf. Ich war da. Endlich.

Kapitel 7

Ich atmete tief und ruhig, als ich gen Horizont blickte, die Welt zu meinen Füßen. Ich war tatsächlich hier, auf dem Felsen meiner Träume! Ein warmer Wind streichelte meine Wangen, und Tränen stiegen in meine brennenden Augen.

Dad tätschelte meine Schulter. »Dein Felsen ist schön«, sagte er sanft.

Ich nickte und berührte mit der flachen Hand den Stein. Klar gab es größere Felsen auf der Erde, aber dieser hier hatte etwas Magisches an sich, ich spürte es bis in die Knochen.

War meine leibliche Mutter auch hier gewesen? Hatte sie sich hier auch sicher gefühlt? Warum war ihr dieser Felsen so wichtig gewesen? Und warum war er mir jetzt so wichtig?

Ich betrachtete die Stadt mit ihren Tausenden rotbraunen Blechdächern. Olumo war genau in der Mitte.

»Wenn Sie dorthin schauen«, sagte unsere Reiseleiterin, eine nette junge Frau, »sehen Sie die erste Kirche Nigerias, erbaut von

Missionaren im Jahr 1844. Und da drüben schlängelt sich der Fluss Ogun durch die Stadt. Sehen Sie das hohe Gebäude dort?«

Sie deutete auf die Sehenswürdigkeiten, und mein Blick folgte ihrem Finger, dann bewegte sich etwas, und ich musste blinzeln. Auf einmal sahen die Dächer anders aus. Sie funkelten nicht mehr grellkupfern und waren plötzlich rund. Rotbraune, strohbedeckte Lehmhütten ploppten vor mir auf, und überall rauchte es! Ein Lauffeuer zog sich durch die Hütten, Schüsse peitschten durch die Luft, und Geschrei ertönte.

Ich wich zurück, geriet ins Wanken.

»Alles in Ordnung, Tara?«, fragte Dad.

Ein zweites Mal blinzelte ich und sah wieder scharf. *Was passierte hier mit mir?*

»Die Kriege müssen grausam gewesen sein«, sagte ich mit zittriger Stimme zur Reiseleiterin und schenkte Dad keine Beachtung. »Haben sie die Angriffe überlebt?«

Die Reiseführerin schien verblüfft über den Themenwechsel, doch sie nickte. »Viele Kriege trugen sich hier zu, aber die Egba waren tapfere Kämpfer.«

Ich hörte den Stolz in ihrer Stimme.

»Einige von ihnen sind umgekommen«, fuhr sie fort. »Aber größtenteils gingen sie als Sieger hervor.«

Ihre Stimme wurde immer leiser, und ich merkte, dass ich wieder wankte.

»Folgen Sie mir«, sagte sie. »Ich zeige Ihnen die Unterschlupfe der Egba.«

Die Reiseleiterin führte uns an einem großen Brocken vorbei zu einer Öffnung – eine der vielen Höhlen, Tunnel und Felsspalten im Olumo.

»Die Stadt Abeokuta wurde 1830 erbaut, während der Kriege zwischen den Völkern, bevor die ersten Missionare ankamen«, sagte sie. »*Olumo* bedeutet so viel wie ›Das Ende aller Wanderungen‹. Das bis dahin heimatlose Egba-Volk hat hier einen Zufluchtsort gefunden. Olumo war eine naturgegebene Festung, in der es sich vor Feinden in Sicherheit bringen konnte.« Sie zeigte auf einen leicht zugänglichen Eingang. Wir duckten uns und gingen hindurch.

»Wow, das ist ja spannend«, sagte Dad.

»Das war die Küche«, sagte die Reiseleiterin und zeigte auf ein paar Löcher im Boden. »Hier konnten die Egba Getreide und Gemüse mahlen und stampfen, ohne ihr Versteck verlassen zu müssen.«

»Wer waren ihre Feinde?«, fragte Dad.

»Es herrschte lange Krieg zwischen den Egba und anderen Völkern wie den Oyo, den Ijebu und den Ife. Die Egba lieferten sich sogar Gefechte mit den Bewohnern Dahomeys, die den langen Weg aus dem Nachbarland gekommen waren, dem heutigen Benin. Die ersten Siedler haben sich hier versteckt und überstanden so die Angriffe. Immer mehr Leute suchten Schutz, und so wurde die Stadt am Fuße des Olumo gegründet und Abeokuta genannt, was so viel heißt wie ›Unter dem Felsen‹. Um 1850 war Abeokuta wegen all der Schutzsuchenden aus Yorubaland bereits eine der größten Städte Westafrikas.«

»Oh, wow«, sagte Dad wieder.

Die Reiseleiterin nickte. »Schon damals hatte Abeokuta eine Stadtmauer und ungefähr fünfzigtausend Einwohner. Überreste der Mauer stehen noch heute.«

Ich fuhr mit der Fingerspitze über den Olumo. Er fühlte sich seltsam vertraut an.

»Die Egba kommen hier regelmäßig für Feierlichkeiten her«, sagte sie.

»Spannend«, sagte Dad zum gefühlt zwanzigsten Mal.

Wir liefen an mit Kaurimuscheln verzierten Statuen vorbei, an Schnitzereien und am Schrein eines ehemaligen Oberhaupts der Egba, aber ich nahm kaum etwas davon wahr. Meine Beine fühlten sich leicht an, ich schwebte der Gruppe förmlich hinterher.

Dann erklommen wir eine schmale Treppe, an deren Ende sich eine in den Stein gebaute Tür befand.

Dicke rote Schlieren zogen sich über das Holz, und ich zuckte zusammen. Es war Blut, an dem winzige Federn klebten. Eine Brise brachte sie zum Flattern.

»Viele Menschen bringen dem Gott des Olumo Opfer«, erklärte die Reiseleiterin. »Manche kommen mit Tieren und vergießen hier deren Blut, um Schutz, Hilfe oder Reichtum zu erbitten. Für das Olumo-Fest wird der Schrein einmal im Jahr öffentlich zugänglich gemacht.«

Wind pfiff unter der Tür hindurch, und ich bekam Gänsehaut. Meine Brust zog sich zusammen. Ich stolperte einen Schritt zurück.

»Tara?«, fragte Dad.

»Mir geht's gut«, nuschelte ich. »Ich habe nur das Gleichgewicht verloren.«

Ich spürte seinen Blick auf mir.

»Wo ist der Irokobaum?«, fragte ich rasch.

»Ah, der heilige Irokobaum.« Die Reiseleiterin zeigte in eine andere Richtung. »Wir müssen einmal um diesen Felsbrocken herumgehen. Seine Blätter werden einzig und allein für die Krönung des Alake gepflückt, dem Oberhaupt der Egba in Abeokuta. Die Blätter welken nie und fallen auch nicht ab, nicht mal in der Trockenzeit.«

Ich rannte auf ihn zu, in der Hoffnung, dass er irgendwas in mir auslösen würde – vielleicht eine Vision. Er ragte über mir, groß und majestätisch, mit seinen langen, bis hoch in den Himmel gewundenen Ästen. Vorsichtig berührte ich den kühlen, rauen Stamm.

Doch ich spürte nichts – nur einen leichten Windstoß. Dann wehte etwas vom Baum herab. Hatte die Reiseleiterin nicht gesagt, der Baum verliere nie Blätter?

Ich eilte an den großen, aneinanderlehnenden Steinplatten vorbei, doch ich fand nichts Außergewöhnliches.

Als ich umkehren wollte, war da ein Schatten am Wegrand. Dann der dunkle Umriss einer alten Frau, gekleidet in einem bläulichen Gewand, das locker von ihren Schultern herunterhing.

Ich blieb wie angewurzelt stehen.

Sie schien zerbrechlich. Die Haut an ihrem Gesicht und Hals sah rau aus, und ihre Augen waren so trübe, als würde man in einen milchigen Ozean schauen.

»Guten Tag«, entrang ich mir mit klopfendem Herzen.

War das die Hüterin des Olumo, die hier im Felsen lebte? Die Reiseleiterin hatte gesagt, sie sei hundertdreißig Jahre alt.

Sie richtete ihre endlos tiefen Augen auf mich. Hatte sie mich verstanden?

Ein seltsames Gefühl überkam mich, ein Kribbeln von Kopf bis Fuß. »Sie wissen bestimmt alles über diesen Felsen«, flüsterte ich. »Warum ruft er nach mir?«

Sie schaute an mir vorbei, und ein Rascheln ertönte.

»Der Zutritt zu diesem Bereich ist verboten«, sagte die Reiseleiterin und kam auf mich zu. »Hier wohnt die Iya Olumo. Aus Respekt vor ihr sind Touristen nicht erlaubt.«

»Oh, tut mir leid«, nuschelte ich und drehte mich um, um mich bei der alten Frau zu entschuldigen. Doch da war niemand. Sie war verschwunden. Als ich der Reiseleiterin mit pochenden Schläfen folgte, ertönte ein Flüstern in meinen Ohren. Es klang trocken, raschelnd wie die Äste des Irokobaumes.

Wer sucht, wird finden ... finden ... finden.

Kapitel 8

»Wie fühlst du dich?«, fragte Dad hinter seinem Kaffee und Marmeladentoast.

»Großartig!« Ich schaufelte mir Kochbanane in den Mund. »Die sind der Hammer, Dad! Probier doch mal. Die Bohnenküchlein sind auch lecker, sehr scharf, aber die gebratene Kochbanane ist am besten.«

Mit einem nervösen Lächeln betrachtete Dad meinen bunten Teller mit Bohnenküchlein, gebratenen Kochbananen, Rührei und würzigem Sardinen-Stew.

»Das hier reicht mir, danke«, nuschelte er in seinen Kaffee. »Aber du weißt, dass ich nicht dein Frühstück meinte, Tara.«

Ich zuckte mit den Schultern. »Es war eine gute Entscheidung, hierherzukommen ... ich habe das gebraucht.«

Ihm zu erklären, was es mir bedeutete, hier zu sein, hatte keinen Sinn. Er würde es nicht verstehen. Ich wusste doch auch nicht, warum es mir vorkam, als ginge es hier um Leben und Tod. Ich wusste nur, ich befand mich auf nigerianischem Boden, und das war das schönste Gefühl aller Zeiten.

Dad nickte und warf mir einen seltsamen Blick zu. Für einen Moment sah er gequält aus.

Ich legte meine Hand auf seine. »Danke, dass du mich hierhergebracht hast, Dad. Ich weiß es zu schätzen.«

Er schien darauf antworten zu wollen, doch stattdessen lächelte er bloß verunsichert.

Ich biss mir auf die Lippe. Ich wünschte, ich könnte es ihm erklären.

Wir aßen gedankenverloren vor uns hin.

»Einen einladenden Pool haben die hier«, sagte Dad mit gezwungen fröhlicher Stimme, als wir aufgegessen hatten. »Wollen wir reinspringen?«

Ich blickte zur in der Sonne glitzernden Palmenoase und schüttelte den Kopf. »Ich wollte mir noch das Einkaufszentrum am Ende der Straße ansehen.«

Dad runzelte die Stirn. »Ich weiß ja nicht.«

»Es dauert nicht lange, Dad, versprochen. Ich passe auf!«

Seufzend zog er ein Bündel Naira aus seinem Portemonnaie. Er lachte, als ich große Augen machte. »Mach dir keine Hoffnungen«, sagte er. »Du bist nicht plötzlich reich, die Währung sieht nur so aus. Du kriegst dafür weniger, als du denkst.«

Ich steckte das Geld und meine Zimmerkarte in meinen Rucksack. Als ich meinem Vater zum Abschied einen Schmatzer auf die Wange gab, erntete ich empörte Blicke vom Pärchen am Nebentisch. Die Frau schüttelte den Kopf.

Dad und ich waren hier nach wie vor ein schräger Anblick. Die Vorstellung, was die Frau wohl gedacht haben musste, brachte mein Wangen zum Glühen.

Draußen angekommen schlug mein Herz Saltos. Ich war wirklich in Nigeria. Wie unfassbar war das bitte?

Die Hitze, die knallende Sonne und das Chaos auf der Straße, alles zauberte mir ein Lächeln auf die Lippen. Es war laut wie in Lagos, überall schreiende Straßenhändler und Busfahrer, und auch der Geruch von Öl und Gewürzen lag in der rauchigen Luft. Nicht einmal der grüne Schleim aus der Kanalisation konnte mir die Laune vermiesen. Zwischen den bunten afrikanischen Stoffen kam ich mir in Jeans und einfarbigen Tops auf einmal stinklangweilig vor. Ich musste etwas zum Anziehen finden, das mehr nach Nigeria aussah.

»Sista, es ist heiß! Hier gibt's kalte Getränke«, rief ein Mädchen an einem Kiosk und hielt mir eine Fanta entgegen.

»Danke, passt schon«, erwiderte ich lächelnd.

Beim Wort »Sista« konnte ich nicht anders, als dumm zu grinsen. Ich war eine von ihnen! Mit meiner braunen Haut, dank der Sommersonne Englands dunkler als sonst, passte ich hier perfekt rein. Es war nicht ich, die gestern Blicke abbekommen hatte, sondern Dad. Die Leute nannten ihn *Oyinbo*, also »Weißer« oder »Ausländer«. Dad stach heraus, so nervös und blass, wie er war, aber ich tauchte hier beinahe unter.

Einige Meter weiter vorne ging es ins Einkaufszentrum, ich eilte auf das große Eingangsschild zu. Ich hielt mich im Schatten, ging durch einen abgezäunten Bereich mit Bäumen. An einem hohen Eisentor blieb ich schlagartig stehen. Der Olumo ragte im Hintergrund grau und majestätisch aus der Stadtmitte empor. Eine Brise wehte mir über die Arme, dann über den Hals. Sie kam von der anderen Seite des Tors. Dort führte eine breite Einfahrt, umsäumt von trockenen grünen Büschen, zu einem imposanten Gebäude, das so gar nicht in diese moderne Straße passte. Es war eine dreistöckige Villa im Kolonialstil, mit Säulen, gewölbten Türstürzen, unzähligen Fenstern und einem Balkon, der sich einmal um das ganze Haus zog.

Bronzene Buchstaben schimmerten über mir:

Olumo Haven – Ganztagsschule & Internat

Der Schriftzug rief förmlich nach mir. Ein warmes Prickeln durchzog mich, als ich über ihm die Spitze des Olumo sah. Ich spürte eine Verbindung zu diesem Felsen, zu dem Boden, auf dem ich stand, zu meiner gesamten Umgebung. Hier gehörte ich hin.

Immer und immer wieder schwirrte mir ein Gedanke durch den Kopf: *Ich kann nicht nach Hause fahren.*

Kapitel 9

Ich kam mir vor wie eine Verräterin, als ich eine Stunde später zurück ins Hotel schlich und Dad am Pool fand.

»Schau mal, was ich im Hotelladen gekauft habe«, sagte er und hielt mir ein Buch mit dem Titel *Die geheimen Leben der Frauen des Baba Segi* entgegen. »Es ist echt gut.«

»Dann hat dich Nigeria also doch angefixt«, sagte ich und klang dabei lässiger, als ich mich fühlte. »Sieh mal, die hier!« Ich stemmte die Hände in die Hüften und posierte, wackelte mit dem Kopf. Ich hatte ein hübsches Kopftuch aus Ankara-Stoff mit knalligem rot-gelbem Muster gefunden, und passend dazu riesige Kreolen in der Form Nigerias. Dad gab mir einen Daumen hoch, und ich sank auf die Liege neben ihm.

»Und, was hast du heute noch vor?«, fragte Dad.

»Wir müssen nichts mehr unternehmen, wenn du nicht willst«, sagte ich.

»Wir sind wegen dir hier. Sag mir, was du vorhast, und ich

mache es möglich, meine kleine Nigerianerin.« Er zwinkerte mir zu.

Ich grinste. *Nigerianerin*. Später, vor dem Spiegel, würde ich mich auch so nennen.

»Ich möchte bei der Meldebehörde nach Jimi fragen«, sagte ich und mied Dads Blick. Wir wussten beide, das war ein Unterfangen mit wenig Erfolgschance, aber irgendwo musste ich anfangen. Wahrscheinlich war Jimi in Nigeria kein seltener Name, er konnte für James stehen oder für Jakob. Aber wenigstens kamen nur die James und Jakobs infrage, die aus Abeokuta stammten oder hier wohnten – ja, ich suchte die Nadel im Heuhaufen, aber auch die ließ sich manchmal finden.

* * *

Der Behördengang war eine Enttäuschung. Die Beamte war nicht gerade zuvorkommend. »Tut mir leid, aber ich darf keine Personendaten preisgeben, auch wenn Ihr Fall … ähm, berührend ist.« Auf meine Reaktion hin stellte sie rasch klar: »Aber ich werde Ihnen helfen, Ihren biologischen Vater zu finden.« Sie warf Dad einen Blick zu, dann reichte sie uns eine Visitenkarte. »Rufen Sie in zwei Wochen an, und ich werde sehen, was ich tun kann.«

Beim Warten aufs Taxi zurück ins Hotel kamen Kinder in zerlumpten Klamotten auf Dad zu und bettelten. Sie rannten ihm singend hinterher, nannten ihn *Oyinbo* und kicherten. Seitdem hatte Dad kein Wort gesagt. Ich spürte, welche Frage ihm unter den Nägeln brannte. *So ergeht es dir also zu Hause?* Er sah mich mitleidig an, aber ich schaute weg, war sauer, weil er erst am eigenen Leib erfahren musste, wie man sich als Außenseiter fühlte, bevor er mich verstand. Im Hotelzimmer angekommen, warf ich meinen Rucksack in die Ecke.

»Ich habe es mir anders überlegt, Dad. Ich will ein Auslandsjahr machen«, platzte es aus mir heraus.

»Oh«, sagte Dad verdutzt. »Nigeria hat wohl das Fernweh in dir geweckt?«

Ich zuckte mit den Schultern. »Schätze schon.«

»Komm her«, sagte er und schloss mich in die Arme. »Ich bin froh, dass wir hierhergekommen sind. Ich weiß, wie wichtig es dir war, und ich freue mich, daran teilzuhaben.«

Ich ließ mich auf die Umarmung ein, und mir wurde warm ums Herz. Ich musste echt aufhören, ihn für Dinge verantwortlich zu machen, für die er nichts konnte.

Auch Dad wurde wohl sentimental, denn er drückte mich ganz fest.

»Es war nicht einfach, Tara. Wir wollten unser Bestes geben.« Er ließ mich los und senkte den Blick.

»Was meinst du?«

»Wir wollten gute Eltern sein. Wir hatten Sorge, dass andere Eltern – Eltern, die aussehen wie du und wissen, wie du dich fühlst ... dass sie es vielleicht besser gemacht hätten ... tut mir leid, dass wir nicht immer perfekt waren ...«

»Dad …«

»Aber als wir dich das erste Mal gesehen haben, da warst du so klein und süß … wir haben uns einfach in dich verliebt.«

Jetzt kamen ihm auch noch die Tränen.

»Ach, Dad!« Ich nahm seine Hand. »Du und Mum habt es großartig gemacht. Ich habe mir nie andere Eltern gewünscht. Bitte glaub mir.«

Unsere Blicke trafen sich. Er schien verunsichert.

»Das hier …« Ich machte eine ausladende Geste. »Hierher zu kommen, nach Nigeria. Das hat nichts mit *uns* zu tun. Es geht um mich – darum, dass ich mich finden will, meine Wurzeln entdecken. Das ist alles.«

Dad nickte und lächelte zögerlich. »Wir sind stolz auf dich. Deine Mum und ich wollen nur das Beste für dich. Wir wollen dich unterstützen, wo wir nur können. Okay?«

Ich nickte und fühlte mich ihm so nah wie lange nicht mehr.

Dann ließ ich mich aufs weiche Hotelbett fallen.

»Ein Auslandsjahr also?«, fragte er.

»Ja«, entgegnete ich zögerlich. »Erlaubt ihr es mir?«

»Na ja, ist schon ein bisschen spät für so was, du machst bald deinen Abschluss …«

»Dad, bitte! Ich kann das letzte Schuljahr in England wiederholen. Ich hole alles nach, versprochen …«

Dad kratzte sich am Kopf. »Ich weiß nicht, Tara. Vielleicht finden wir ja eine Schule, die dich nur für ein paar Wochen aufnimmt. Woran dachtest du denn? Deutschland? Die USA?«

Jetzt geriet ich ins Schwitzen. »Nein, ich will alle Wahlkurse in einem anderen Land belegen und die Reise selbst organisieren. Ich will ein ganzes Jahr!«

Dad begriff, worauf das Gespräch hinauslief, und versteifte. Er schüttelte den Kopf. »Keine Chance!«

»Aber warum, Dad? Du und Mum haben immer gesagt, ein Auslandsjahr wäre eine gute Idee!«

»Ja, ein Programm von der Schule, das nur ein paar Wochen dauert.« Er hob die Hände. »Ende der Diskussion.«

»Warum? Du hast meine Frage nicht beantwortet.«

»Weil alles andere vollkommen absurd wäre! Du bist erst sechzehn. Ich lasse dich doch nicht allein in diesem, diesem…«

Ich verschränkte die Arme, und mein Herz raste. »*Dieser* Ort, Dad… ist mein Zuhause.«

Er zuckte zusammen, und ich hätte mir am liebsten eine reingehauen. Ich hatte ihn gekränkt.

»Hier komme ich her«, erklärte ich, aber es war zu spät.

Eine Weile lang schwiegen wir.

»Hör mal, Tara. Nigeria ist ein Entwicklungsland. Es ist gefährlich hier. Die haben Malaria!«

»Wogegen der Arzt uns Medizin gegeben hat! Ich wäre ganz vorsichtig und würde immer das Mückenspray benutzen.«

»Die haben Cholera und wer weiß was noch.«

Ich verdrehte die Augen. »In den abgelegenen Dörfern, Dad! Wo es kein fließendes Wasser gibt!«

»Entführungen und Terroranschläge gibt es auch.«

Ich schnaubte. »Im Norden, Hunderte Kilometer von hier. Das hat uns auch nicht davon abgehalten, hierherzufliegen, oder?«

»Ja, aber wir sind hier im Urlaub!«, schmetterte mir Dad so lautstark entgegen, dass er spuckte. »Für eine Woche!« Gehetzt ging er auf und ab. »War das von Anfang an dein Plan?«

»Nein, Dad! Ich schwöre es dir. Es ist nur … Die Straße runter gibt es ein Internat, das hat mich auf die Idee gebracht. Nächste Woche enden die Schulferien, ich habe die Website gecheckt. Können wir es uns wenigstens mal anschauen, Dad? Bitte. Es sah echt toll aus.«

Dad riss die Augen auf. »Ich kann es einfach nicht fassen. Wir haben Flüge gebucht und sind hierhergeflogen. Und das ist noch nicht genug für dich?« Er ging ins Bad und knallte die Tür zu.

Ich drückte mir ein Kissen aufs Gesicht. Was Mum und Dad wegen mir durchmachten, bereitete mir Bauchschmerzen. Aber noch viel übler wurde mir beim Gedanken, zurückzufliegen. Ich konnte nicht weg. Auf keinen Fall. Hier gehörte ich hin.

Kapitel 10

Ich zog Ruths kleines blaues Tagebuch aus meinem Rucksack. Zwar wurde ich aus den zusammenhangslosen Wörtern und unfertigen Zeichnungen immer noch nicht schlau, doch sie gaben mir Halt. Jede Seite sog mich tiefer und tiefer hinein. Ich schnappte mir einen Kuli und blätterte zum letzten Eintrag. Was, wenn ich meine eigene Geschichte aufschrieb und ihre dadurch weiterführte?

Die Sätze sprudelten nur so aus mir heraus. Ein ungefilterter Gefühlsausbruch nach dem anderen klatschte aufs Papier. Meine wirren Worte übertönten alles, die fernen Rufe der Nachtverkäufer, den leisen Bass der Musik an der Poolbar und Dad, der im Bad um sich schlug. Mit jedem Ansetzen des Stifts löste sich ein weiterer Knoten in mir.

Meine Hand tat weh, als Dad rauskam. Er sah aus, als hätte er Shampoo ins Auge bekommen.

»Du hast dich verändert, Tara«, sagte er schließlich mit leiser, rauer Stimme. »Seit dieser Nacht, als du einen Albtraum hattest, habe ich das Gefühl …« Er seufzte. »Du bist nicht dieselbe. Ich erkenne dich kaum wieder.«

Ich schloss das Buch und drückte es mir an die Brust.

Dad sah mich an, wie er nigerianische Gerichte ansah. Als wäre ich ein Fremdkörper.

Wut brodelte in mir auf und sprudelte binnen Sekunden über. Warum versuchte er nicht einmal, es zu verstehen?

Die Luft wurde dicker. Auch Dad musste es gespürt haben, denn er verzog das Gesicht und warf einen besorgen Blick über die Schulter. Eine kühle Brise wehte ins Zimmer, schlängelte sich um uns. Ich presste das Buch noch fester an mich.

Dann schüttelte Dad wie wild den Kopf. »Ich ver-… Ich kann nicht …«, nuschelte er und riss das Fenster auf, griff sich um den Hals und schnappte nach Luft.

»Dad?« Meine Wut wich Angst.

Auf einmal dröhnte es, als würde ein Wirbelsturm aufziehen. Dad hielt sich die Ohren zu. Auch er konnte ihn hören.

»Dad!«, rief ich wieder.

Totenstille trat ein. Er schaute sich um und rieb sich die Schläfen, als sähe er das Zimmer zum ersten Mal.

Dann richtete er langsam seine leeren, müden Augen auf mich.

»Rufen wir deine Mutter an.«

Mein Herz rutschte mir in die Hose. Mit Mum an der Strippe sahen meine Chancen noch schlechter aus.

»Oh, okay«, nuschelte ich benommen. Ich setzte mich mit ihm aufs Bett, und wir riefen sie an.

»Schatz, es gibt eine Planänderung«, sagte Dad in einem eigenartigen Tonfall. »Tara bleibt noch eine Weile hier. Es gibt da dieses tolle Internat …«

»Wovon redest du?«, hagelte es vom anderen Ende der Leitung. »Was ist hier los?«

Ich sah Dad an und versuchte zu begreifen, was vor sich ging. Das ergab keinen Sinn. Wie konnte er so schnell die Meinung geändert haben? Je länger er auf diese seltsame Art mit Mum sprach, die ihn übers Telefon anschrie, desto verschwommener nahm ich ihn wahr. Irgendwann überkam mich absolute Gelassenheit, denn ich merkte, was all das bedeutete.

Ich würde bleiben.

Kapitel 11

Dad umarmte mich so fest, er brach mir beinahe die Rippen. Ich konnte es immer noch nicht fassen.

Hunderte Schüler und Schülerinnen tummelten sich mit ihren Eltern im Eingangssaal von Olumo Haven. Sie unterhielten sich aufgeregt, es wimmelte von Schultaschen und Gesichtern, und auch die Luft roch danach. Ich atmete sie ein, ließ mir den seltsam vertrauten Geschmack auf der Zunge zergehen. Es war wie ein Déjà-vu. Ich wollte die verzierten Säulen berühren, meine Hände über die Wand und die leeren Ecken gleiten lassen, in denen einst Statuen standen.

Alles, um diesem lang verlorenen Gefühl ein Stück näher zu kommen.

Aber Dad hielt mich fest.

Nur die Kinder, die heute ihren ersten Tag in der Mittelstufe hatten, klebten an ihren Eltern wie Kletten.

Ich löste mich aus Dads Umarmung.

»Und du willst das auch ganz sicher durchziehen?«, flüsterte er.

»Ja, Dad!«

Seit Tagen führte er sich so seltsam auf, ständig schaute er verloren in der Gegend herum und schwieg.

Bevor ich noch etwas sagen konnte, wandte er sich ab.

Ich schaute ihm hinterher, überrascht von seinem plötzlichen Abgang. *Das war's dann wohl*, dachte ich seufzend. Ich war allein, genau wie ich es gewollt hatte.

Die letzten drei Tage waren eine einzige Shoppingtour gewesen. Wir kauften alles, was ich für meine Zeit am Internat brauchte: Schulhefte, Waschzeug, schwarze Baumwollunterwäsche, schlichte braune Schuhe und die paar persönlichen Gegenstände, die man hier besitzen durfte. Uniform, Bettwäsche und alles andere wurden vom Internat gestellt.

»Handys bitte hier rein«, befahl eine stämmige Frau, die für das Gepäck zuständig war.

Mit einem dumpfen Schlag landete mein Handy in der Kiste. Damit war die letzte Verbindung zu meinen Eltern erloschen. Jedes Gefühl von Geborgenheit zerrann wie Sand zwischen meinen Fingern.

Bald kannst du sie anrufen, beruhigte ich mich. Eigentlich waren Handys verboten, aber Dad hatte ausgehandelt, dass ich meins an den Wochenenden von der Internatsleiterin zurückbekam.

Die Gepäckfrau sah meine Finger zittern. »Alles in Ordnung,

Liebes?« Sie legte einen Stapel gebügelter grauer Uniformen auf die Theke. Auf ihrem Namensschild stand: *Mrs. Abimbola – Internatsleitung.*

Ich nickte.

»Heute ist dein erster Tag.« Sie lächelte – jedenfalls blitzten ihre Zähne auf, aber ihre Stirn regte sich nicht.

»Ja«, antwortete ich.

»Für dich immer noch ›Ja, Ma‹«, korrigierte sie mich und durchwühlte meine Sachen.

»Die hier ist nicht erlaubt.« Sie hielt meine Jogginghose hoch. »Sie verstößt gegen die Schulordnung. Ist das deine Freizeitkleidung?«

»Nein … ähm … Ma. Das ist nur was Gemütliches für abends.«

Sie schüttelte missbilligend den Kopf. »Die Freizeitkleidung wird vom Internat gestellt. Dir stehen zwei Sets zur Verfügung, und diese dienen ausschließlich für Schulausflüge.«

Wehmütig betrachtete ich meine Jogginghose und geriet in Sorge.

»Keine Angst«, sagte sie. »Ich bewahre sie für dich auf.« Sie notierte etwas auf einer Liste, faltete sie behutsam zusammen und legte sie in die Kiste zu meinem Handy.

* * *

Ein langer, überdachter Fußweg verband das Schulgebäude mit dem Wohnheimkomplex, und gewaltige Bäume schirmten den Weg zusätzlich von der prallen Mittagssonne ab. Die Torbögen waren aus Lochziegeln, und das Rascheln der Blätter brachte das Licht, das durch die Löcher fiel, zum Tanzen. Eine Brise säuselte durch die Äste wie Geflüster. Ich blieb stehen und blickte hinauf.

Nur ein paar alte Bäume, nichts Suspektes. Ich holte Luft. Es war an der Zeit, dass ich wieder klarkam. Diese schlaflosen Nächte machten mich paranoid.

Ich warf mir meine Taschen über die Schulter und beeilte mich. Ich musste schleunigst mein Wohnheim finden, durchatmen und ankommen.

Wie Mrs. Abimbola mir erklärt hatte, gab es in Olumo Haven drei Mädchen-Wohnheime: Amina, Buchi und Funmi, allesamt benannt nach berühmten Frauen aus Nigeria. Ich kam in Funmi unter, auf Zimmer 14. Ich übte, *Funmi* so auszusprechen wie Mrs. Abimbola – bei ihr klang es fast wie *Fumi*, nur etwas nasaler. Vom Fußweg ging eine Treppe ab, die zu einer Wiese hinabführte. *Atrium* stand auf dem Schild. Drum herum standen in U-Form die drei Wohnheime, und ich folgte dem Schild Richtung Funmi.

Als ich Funmi 14 vor mir sah, musste ich schlucken. Ich wusste nicht einmal, wie es war, ein Zimmer mit einem Geschwisterkind zu teilen. Wie sollte ich es mit fünf fremden Mädchen aushalten?

Auf den drei Hochbetten, die beinahe das ganze Zimmer einnahmen, wurde bereits munter gequatscht.

Alle Matratzen waren belegt, bis auf die unten an der Tür.

»Hallo«, sagte ich und bekam keine Antwort. Ich warf meine Uniform auf die leere Matratze und schob meine Taschen an den Spind am Bett.

In dem Moment wurde es still. Alle sahen mich an.

»Was fällt dir ein?«, fragte ein dünnes Mädchen mit harten Gesichtszügen vom gegenüberliegenden Bett aus. Sie hatte ein Fläschchen Nagellack aufgeschraubt und blitzte mich mit ihren stark geschminkten Augen an, den Pinsel richtete sie auf mich wie eine Waffe. Der Geruch von Aceton stieg mir in die Nase, und mir wurde schwindelig.

Ich stand da wie ein Reh im Scheinwerferlicht. Mrs. Abimbolas Worte kamen mir in Erinnerung: »Kein Make-up, kein Schmuck und kein Nagellack.«

»Lass sie, Lola«, sagte ein Mädchen über mir. Sie las in einem dicken, zerfledderten Buch, das aussah, als hätte jede Person in Olumo Haven es schon einmal in der Hand gehabt. »Wurde dir Funmi 14 zugeteilt?«, fragte sie.

»Ja«, hauchte ich.

»Sie muss trotzdem erst fragen«, sagte die mit dem Nagellack. »Sie kann nicht einfach hier reinplatzen und ihre Sachen durch die Gegend werfen.«

»Tut mir leid, ich dachte nur …«

»Spar dir das Denken. Wie wär's stattdessen mit Höflichkeit und Respekt?«

»Ich wollte euch nicht stören, ihr wart beschäftigt.«

Lola warf mir einen vernichtenden Blick zu und hätte mich wahrscheinlich am liebsten mit ihren Kunstwimpern weggefegt. Doch dann verwandelte sich ihre Wut in Skepsis.

»Macht es dir was aus, wenn ich den einzigen Schlafplatz nehme, der noch nicht besetzt ist? Und dürfte ich bitte diesen Spind haben, der ganz offensichtlich von niemand anderem benutzt wird?« Ich klang eiskalt. Das alles war schlimmer als erwartet. Aber wenigstens schlug mein Fluchtinstinkt nicht aus. Stattdessen braute sich Zorn in mir zusammen.

Lola brach in so heftiges Gelächter aus, dass sie sich rückwärts auf die Matratze fallen ließ. »O-M-G. Was ist das denn bitte für ein Akzent? Bist du direkt aus London hergeflogen oder was?«

Ich kehrte ihr den Rücken zu und stopfte meine Sachen in den Spind.

Das Mädchen über mir zischte durch die Zähne, wie ich es noch nie gehört hatte. »Du bist so fies, Lola. Keine Manieren!«

»Pass auf, was du sagst, Bisi.« Lola richtete sich auf und machte dasselbe Geräusch, nur lauter. »Was willst du gegen mich tun?« Sie schmollte und verdrehte die Augen.

Ein Mädchen, das sich bis gerade eben noch an einem der Betten unterhalten hatte, ergriff die Flucht.

Ich widmete mich wieder meinen Klamotten, aber mein Herz raste.

Lola stimmte ein Lied an:

Pussycat, Pussycat, wo warst du nur?
Die Queen sah ich, als ich nach London fuhr.
Pussycat, Pussycat, was hast' dort gemacht?
Ein schüchternes Mäuschen aus dem Häuschen gebracht.

»Das war's, ich bin raus«, sagte das große Mädchen auf dem Bett am Fenster. »Halima, Bock auf einen Spaziergang zur Mauer?«

»Gern«, sagte Halima und stieg hinunter, ihr blauer Hijab locker über die Haare geworfen.

»Gern!«, äffte Lola sie quietschend nach. Halima verdrehte bloß die Augen und verließ das Zimmer.

An der Tür reichte mir das große Mädchen die Hand. »Ich bin Chidinma. Willkommen in Funmi 14«, sagte sie mit einem strahlenden Grinsen.

»Danke«, entgegnete ich. Immerhin war Chidinma nett zu mir. Stirnrunzelnd musterte sie mich. Sie schien etwas sagen zu wollen, doch dann ließ sie meine Hand los und ging.

Was hatte das alles zu bedeuten?

Im Augenwinkel sah ich, wie Lola ihre frisch lackierten Zehen in Flipflops steckte. Sie stand auf, und ich merkte, wie groß sie war. Sie trug Baggy Jeans und ein schwarzes T-Shirt, auf dessen Rückseite *No Shit!* stand. Ich fragte mich, wie sie es in diesem Outfit überhaupt ins Gebäude geschafft hatte.

»Oya, Rosemary, na los! Mischen wir den Campus auf, jareh!«

Die besagte Rosemary schenkte mir ein verunsichertes Lächeln und folgte der hopsenden Lola aus dem Zimmer.

Ich sackte auf meinem Bett zusammen.

Was hatte ich nur getan?

Ich konnte immer noch zu Mrs. Abimbola gehen und ihr sagen, dass ich es mir anders überlegt habe. Dad war gerade auf dem Weg nach Lagos, aber ich wusste, für mich würde er auf der Stelle umkehren.

Ich schüttelte den Kopf. *Hör auf mit dem Unsinn.*

Das hier war genau, was ich wollte, und ich würde es bestimmt nicht wegen eines blöden Zwischenfalls aufgeben.

Ich atmete durch.

»Nicht der freundlichste Empfang«, sagte jemand. Über mir ploppte ein Kopf auf, und ich erschrak.

Es war das Mädchen mit dem zerfledderten Buch, Bisi.

»Mach dir nichts draus. Lola hat einen fetten Minderwertigkeitskomplex und dreht durch, wenn jemand Hübscheres als sie ins Zimmer kommt.« Bisi zwinkerte, was kopfüber etwas komisch aussah.

Ich zuckte mit den Schultern.

»Wie heißt du?«

»Tara.«

»Und lag sie richtig? Mit London?«

Ich schüttelte den Kopf. »Nicht annähernd so spannend«, sagte ich. »Ich komme aus dem Westen, so richtig vom Land.«

»Aber du bist nicht gerade erst hier angekommen, oder?«

Ich blickte verlegen nach oben. »Doch.«

Bisi machte große Augen.

»Vor weniger als einer Woche.«

»Wow! Aber das ist nicht dein erstes Mal in Nigeria, stimmt's?«

»Doch«, sagte ich wieder mit einem Grinsen.

»Dein Ernst? Bist du eins von diesen frechen Kindern, die von ihren nigerianischen Eltern in die Heimat geschickt werden, damit sie dort Disziplin und Respekt lernen? Wenn ja, bist du hier am falschen Ort, Girl! Diese Privatschule ist für Weicheier und Heulsusen«, schnaubte sie.

Ich schüttelte den Kopf und dachte über ihre Wort nach.

»Sind deine Eltern aus Nigeria?«

Ich wollte die Frage verneinen, als mit einfiel, dass mein leiblicher Vater ja doch von hier kam, wahrscheinlich zumindest. »Na ja, ähm … es ist kompliziert«, erwiderte ich und mied ihren Blick.

»Verstehe«, sagte sie. »Ich weiß genau, wovon du redest. *Kompliziert* bringt mein Leben auf den Punkt!«

Bisi, die vom Kopfüberhängen langsam rot anlief, musterte mich noch einmal und verschwand aus meinem Blickfeld.

Dann kamen zwei Beine in Jeans das Bett heruntergeklettert.

»Komm«, sagte sie, stieg in ihre Flipflops und ging zur Tür. »Ich zeige dir den Campus.«

Kapitel 12

»Also gut. Du musst wissen, wohin du gehen kannst, wenn du Essen, Unterhaltung oder einfach deine Ruhe willst. Und welche Orte du vermeiden solltest, wenn du keinen Ärger möchtest.«

Bisi führte mich durch Funmi und blieb vor einem großen Raum stehen. »Das ist der Aufenthaltsraum.« Ein paar Mädchen lagen ausgebreitet auf Sofas und winkten ihr zu.

»Hi«, rief Bisi. »Das ist Tara, sie schläft ab jetzt unter mir.«

»Oh, endlich ist Funmi 14 wieder vollzählig«, sagte ein schlaksiges Mädchen Kaugummi kauend. »Der Schlafplatz war lange unbesetzt.« Die anderen Mädchen tauschten Blicke aus und musterten mich.

»Hi«, rief ich und kam mir vor wie unterm Mikroskop.

»Willkommen in Funmi. Abgesehen von den Tratschtanten und Wichtigtuerinnen das beste Haus auf dem Campus.« Die Schlaksige grinste.

»Na Funmi House dey reign!«, rief ein Mädchen stolz vom anderen Ende des Raumes.

Die neugierigen Blicke und der nigerianische Slang überforderten mich. Ich rang mir ein Lächeln ab.

Bisi zog mich am Arm. »Eigentlich ist der Aufenthaltsraum ganz cool, aber man kann hier nicht abhängen, Mrs. Abimbola hat gleich nebenan ihr Büro.« Dann flüsterte sie: »Ich nehme an, du hast die Internatsleiterin schon kennengelernt. Sie ist auch unsere Hausmutter, und wenn sie auf ihrem Zimmer ist, hat sie es gerne leise. Man muss nur lachen oder ganz normal reden, und schon kommt sie angerannt.«

Wir verließen das Gebäude, und Bisi zeigte darauf. »Das war Funmi, wie du weißt. Das da ist Amina«, sagte sie und zeigte nach links. »Und gegenüber ist Buchi. Da drüben siehst du unsere beiden Lernräume. Die Aufsichtsschülerinnen sehen zu, dass es dadrin nicht zu chaotisch wird, aber so richtig still ist es nie. Wenn du den Kopf freikriegen willst, musst du dir was Besseres überlegen. Das kann ich am Internatsleben echt nicht leiden. Ganz allein ist man hier nie. Sogar die Badezimmer sind halb offene Kabinen. Man kann nicht einmal duschen, ohne irgendwelche Füße oder Hintern zu sehen, und beim Einschlafen hört man garantiert jemanden schnarchen.«

Wir gingen unter einem Ziegeltor hindurch und fanden uns auf einem breiten Feld wieder, umgeben von Gebäuden und einem Zaun, hinter dem sich scheinbar ein Garten befand. Ein paar Mädchen saßen auf Bänken, unterhielten sich und lachten. Der überdachte Pfad schlängelte sich an Bäumen entlang zum alten Kolonialgebäude. Von hinten sah es genauso beeindruckend aus wie von vorne, die Terrasse zog sich einmal um das ganze Haus.

»Findet dort der Unterricht statt?«, fragte ich.

Bisi nickte. »Klassenzimmer, Aula, Labore, Lehrerzimmer, Rektorat – alles dadrin.«

Sie ging in die andere Richtung. »Da drüben geht es zur Mensa. Abendessen gibt's um halb sieben. Wenn ich dir alles gezeigt habe, ist es Zeit fürs Essen, und danach müssen wir unsere GU anziehen.«

»GU?«

»Gefängnisuniform. Kleiner Scherz, ich mein natürlich unsere Internatskleidung.«

Ich hob die Brauen.

Sie grinste, und zwei niedliche Grübchen kamen zum Vorschein. Sie war hübsch, wenn sie lächelte. Bisher hatte sie eher seriös gewirkt, aber jetzt schien sie zum ersten Mal entspannt.

»Weil es hier wie im Gefängnis ist?«, fragte ich.

Für einen Moment verfinsterte sich ihre Miene. »Tür zu um acht, Licht aus um zehn, Stockbetten, Zäune und Wachpersonal? Wonach klingt das für dich?«

Sie schmunzelte, als sie meinen besorgten Blick sah.

»Keine Angst, wir nennen sie vor allem deswegen GU, weil sie verdammt hässlich ist. Genieß deine letzten Sekunden in diesen Jeans. Hast du dir die Internatskleidung schon angeguckt, oder weißt du gar nicht, von welchem Ausmaß an Scheußlichkeit wir hier sprechen?«

Ich zuckte mit den Schultern.

»Die wollen, dass wir uns hässlich fühlen, damit wir nicht mehr an Äußerlichkeiten denken und nur noch lernen.«

Ich lachte, und Bisi schnaubte.

»Ha! Nicht mehr lange, dann darfst du deinen rosa-lila karierten Sack im Spiegel bewundern! Das da«, fuhr sie fort und zeigte auf die andere Seite der Wiese. »Das ist die berühmt-berüchtigte *Mauer*. Die Grenze zwischen uns und den Jungs. Ihr Campus sieht genauso wie unserer aus, nur spiegelverkehrt. Ich weiß auch nicht, warum wir es Mauer nennen, es ist ja offensichtlich ein Zaun, aber wie auch immer. Die Jungs haben auch eine Wiese auf ihrer Seite. Wir teilen uns die Mensa und das Schulgebäude, aber sie haben einen anderen Eingang.« Sie zwinkerte schelmisch. »Wenn du Spaß haben willst, geh an den Bäumen vorbei zur Mauer. Da hängen alle ab.«

Wir gingen Richtung Mensa, als uns eine Frau entgegenkam.

»Guten Abend, Mrs. Owoyemi«, begrüßte Bisi sie.

»Guten Abend«, sagte auch ich.

Die Frau schenkte uns ein strahlendes Lächeln. »Willkommen zurück, Bisi. Wie waren deine Ferien?«

»Danke, gut, Ma.«

»Na dann findet euch mal schön ein, bevor morgen das Schultheater losgeht!« Die Frau winkte.

»Danke, Ma«, rief Bisi.

»Danke«, rief ich.

»Häng hinter alles ein ›Ma‹ oder ›Sir‹, dann bist du auf der sicheren Seite«, sagte Bisi. »Ein bisschen Respekt erspart einem hier viel Ärger. Nur so als Tipp.«

Ich nickte dankbar und etwas eingeschüchtert.

»Mrs. Owoyemi ist für den Haushalt und die Vorräte zuständig«, fuhr Bisi fort. »Sie ist in Ordnung. Keine von den Bösen. Melde dich bei ihr, wenn du neue Bettwäsche brauchst. Klopapier, Binden, Zahnpasta, solche Sachen.«

»Oh, okay.«

»In welche Klasse gehst du?«

»Ich glaube, in die Senior Secondary 2B«, sagte ich und versuchte, mich an mein Zulassungsschreiben zu erinnern.

»Oh, super, ich bin auch in der SS2B«, sagte sie. »Ich kann dir morgen helfen.«

»Danke.« Was für eine Erleichterung.

Wir kamen an einem verschlossenen Tor vorbei, hinter dem sich ein Garten verbarg. Ich wollte mehr sehen, doch plötzlich wurde es duster, und der Pfad war kaum noch zu erkennen.

»Es wird hier so schnell dunkel«, sagte ich. Dad und mir war das schon am ersten Tag aufgefallen. Als würde jemand eine Decke über den Himmel werfen und das Licht ausknipsen.

Bisi zuckte mit den Schultern. »Wir sind halt nah am Äquator. Ist doch umso besser. Warum das unvermeidliche Ende in die Länge ziehen?« Ihre Zähne blitzten auf, und wieder war da ihr Grübchen. »Wir sollten zurück.«

Es raschelte, und ein seltsames Flüstern säuselte durch die Luft. Ich legte den Kopf schief und horchte auf. »Was ist da drüben?«

»Der Obstgarten. Ein paar Mango-, Orangen- und Papayabäume. Der Schulgärtner hat dort einen Hof. Wir dürfen da aber nicht hin. Das Tor ist immer abgeschlossen.«

»Warum?«

»Früher haben Schüler auf dem Hof mitgeholfen, entweder für irgendwelche Agrarprojekte oder zur Strafe. Das ist lange her. Dann ist irgendwas passiert, und seitdem gibt es dieses Tor. Das war vor meiner Zeit. Jetzt kann man nicht mehr rein.«

Ich lehnte mich vor, um einen besseren Blick auf den Garten zu erhaschen. Die Umrisse und Formen dort waren unheimlich, sie wirkten fast lebendig, tänzelten umher wie ein Schattentheater.

Auf einmal huschte etwas Schlankes, Katzenartiges zwischen zwei Bäumen hindurch und verschwand im Dickicht. Es sah so echt aus, und so groß. Ich blinzelte und umfasste das Tor.

»Gibt es hier Katzen?«

»Wie?«

»Also große Katzen ... Großkatzen«, stotterte ich.

»Tiere sind auf dem Campus verboten«, sagte Bisi und sah mich verunsichert an.

Da war es wieder. Dieses Säuseln und der kühle Wind. In

der Ferne heulte etwas auf, wie ein Donner riss es die Luft entzwei.

Ich schüttelte mich und sah Bisi an. Doch in diesem Moment läutete die Schulglocke, und Bisi eilte los. »Kommst du? In einer halben Stunde gibt es Essen. Wir müssen uns beeilen.«

Kapitel 13

Die Gefängnisuniform war tatsächlich so schlimm wie von Bisi angekündigt. Manche Mädchen hatten ihre angepasst, um darin nicht ganz so lächerlich auszusehen wie ich in meinem gigantischen sackartigen Fummel. Seufzend warf ich einen letzten Blick in den Spiegel und rannte Bisi hinterher.

Mrs. Abimbola stand am Eingang zur Mensa und beäugte die hineinströmenden Schülerinnen.

»Hey, Lola!«, rief sie und zog ein Mädchen aus der Schlange. »Was hast du da an?«

Lolas GU war extrem kurz und lag an der Hüfte eng an, was ihre schmalen, aber wohlgeformten Kurven zum Vorschein brachte.

»Was meinen Sie, Ma?«, fragte Lola mit engelsgleicher Stimme.

»Verkauf mich nicht für dumm! Du weißt genau, was ich meine.«

»Oh, mein Kleid, Ma? Ich hatte über die Ferien einen Wachstumsschub. Ich war ganz entsetzt, als ich gesehen hab, wie kurz es jetzt an mir aussieht, Ma.«

»Spar dir die Geschichten, Lola. Wenn du morgen wieder so hier aufkreuzt, gibt es Ärger.«

»Okay, Ma.« Lola klang kein bisschen eingeschüchtert. »Sie wissen doch, ich bin fleißig an der Nähmaschine. Bis morgen früh habe ich das Kleid gerichtet.«

Mrs. Abimbola sah aus, als hätte sie Lola am liebsten eins übergebraten. Aber Lola verzog keine Miene und schlenderte hüftschwingend in die Mensa.

Ich hielt mich dicht an Bisi und war froh, dass sie angeboten hatte, mich zu begleiten, und noch froher, dass mein Kleid bis weit unter meine Knie reichte.

Doch als ich an der Reihe war, verschränkte Mrs. Abimbola die Arme und sah noch grimmiger aus, als ich es für möglich gehalten hätte. »Warum hast du deine Haare noch nicht gemacht?«, schnauzte sie.

»Ähm …« Ich schluckte und warf einen nervösen Blick auf die Menschentraube, die sich hinter uns bildete.

»Tut mir leid, Ma«, sagte Bisi. »Ich hätte sie vor dem Essen weaven sollen, aber ich hatte Probleme mit meinem Gepäck.«

Mrs. Abimbola musterte Bisi, dann mich und nickte schließlich. »Na gut. Aber ohne Weave braucht ihr hier morgen gar nicht antanzen. Ihr wusstet, dass ihr nach der Ankunft nicht viel Zeit für diese Angelegenheiten habt.«

»Ja, Ma. Danke«, sagte Bisi und stieß mich in die Seite.

»J-ja, Danke … Ma«, stammelte ich. Dann flüsterte ich Bisi ein »Danke« zu und folgte ihr in die Mensa.

Fast wäre ich gleich wieder umgekehrt. Es wimmelte von Jungs, und jeder von ihnen glotzte Richtung Tür und wartete darauf, wer als Nächstes reinkam. Als Neuling bekam ich natürlich eine Menge Blicke ab. Aus Reflex fasste ich an mein Kleid. Jetzt verstand ich, warum es nicht ganz unwichtig war, wie die GUs aussahen. Mein Afro war auch nicht gerade hilfreich. Alle Mädchen trugen perfekt geflochtene Cornrows. *Wie konnte mir das nicht aufgefallen sein?*

Ich versuchte, mit Bisi mitzuhalten. Offenbar war sie beliebt. Sie umarmte eine Person nach der anderen, führte Small Talk, und von allen Seiten wurde ihr gewunken und zugelächelt. Ich reihte mich hinter ihr an der Essensausgabe ein. Würzige Aromen erfüllten den Saal, und mein Magen knurrte fürchterlich. Die Mensa-Angestellten standen hinter riesigen Schüsseln und hantierten zügig mit ihren Kellen und Zangen. Sie servierten Portion um Portion, und ihre weißen Kittel waren jetzt schon gesprenkelt von den grünen und roten Soßen, die sie auf die Teller klatschten. Ich starrte auf die weißen Klumpen, die eine Frau mir auf den Teller schaufelte. Sie zeigte auf zwei Soßen und sah mich fragend an.

»Beide«, sagte Bisi und gab mir einen Stoß.

»Ja, beide«, sagte ich rasch.

»So hast du die Wahl, falls eine nicht schmeckt. Unser Koch

experimentiert gerne mal.« Sie verdrehte die Augen. »Freu dich heute über dein himmlisches Stew, und er haut dir morgen irgendeinen Ingwer-Zitrone-Mix oder Chili mit Minze rein. Das versaut dir den Tag, und wenn du Pech hast, auch die Nacht. Jedes Mal ist es ein neues Abenteuer.« Sie warf einen schiefen Blick auf ihren Teller und wandte sich den Esstischen zu.

Ich glotzte auf die dicken weißen, in der Soße schwimmenden Stückchen.

»Hey!«, rief ein Junge am Fenster mit Blick auf die Wiese. »Ahn, ahn, mein Girl ist zurück.« Bisi grinste breit und umarmte ihn. Er war groß und dunkel und … mir fiel nichts anderes ein als *heiß*. Einer von diesen Sportler-Typen, die man in der Schulmannschaft erwarten würde. Seine Uniform – bei den Jungs war sie grün – saß wie angegossen. Aber es waren seine Augen, die mich einschüchterten. Sie waren groß, warm und irgendwie endlos.

Als er sich aufrichtete, fiel mir fast das Tablett runter. Sofort hörte ich auf zu starren.

»Das ist Tara«, sagte Bisi.

»Hi, ich bin Lanre, freut mich«, sagte er mit einem herzlichen Lächeln, und auf einmal kribbelte es in mir. Wenn es eines gab, was ich nicht gewohnt war, dann Aufmerksamkeit von Männern – oder Aufmerksamkeit überhaupt.

Ich bekam bloß ein seltsames Geräusch und ein halbes Lächeln heraus und setzte mich neben Bisi.

»Und, wie waren die Ferien?«, fragte er sie.

Sie zuckte mit den Schultern. »Ganz gut.« Sie sprach mit tiefer, leiser Stimme. »Ich war genau zwei Wochen zu Hause. Den Rest der Zeit wurde ich bei meiner Tante abgeladen, wo ich mich nützlich machen und auf ihre Blagen aufpassen durfte«, knirschte sie. Ich mied ihren Blick, damit sie nicht dachte, ich lauschte ihrem Zweiergespräch.

»Das tut mir echt leid«, sagte Lanre zärtlich und tätschelte ihre Hand. Ich fragte mich, ob sie mehr waren als Freunde. »Ehrlich gesagt bin ich froh, dass du zurück bist. Ich hatte schon Angst, du überredest sie, dich wieder in Lagos auf die Schule zu schicken.« Er grinste verschmitzt, und Bisi boxte ihn in den Arm.

»Das hätten die nie im Leben erlaubt. Also bitte schön, hier bin ich, zurück in diesem Drecksloch!« Sie seufzte und wandte sich mir zu. »Tut mir leid, Tara, so habe ich das nicht gemeint. Ich bin nur nicht freiwillig hier, weißt du.«

Ich nickte und wusste nicht recht, was ich mit dieser Info anfangen sollte.

»Meine Eltern haben mich mitten im letzten Schuljahr hierhergeschickt, das fand ich gar nicht lustig.«

Eine unangenehme Stille machte sich breit. »Und wie waren deine Ferien, Lanre?«, fragte Bisi in etwas fröhlicherem Tonfall.

»Oh, echt in Ordnung«, sagte er. »Nichts Besonderes. Hab mit Freunden gechillt, gezockt, war am Landmark Beach und im Kino. Du hättest mitkommen können, weißt du, statt allein zu sein«, erklärte er und stupste sie.

Bisi schüttelte den Kopf. »Ich war nicht allein, weißt du

noch? Ich war bei den Blagen! Aber du kennst mich, Lanre, gib mir einen Haufen Bücher und Serien, und mir geht's gut.«

Wir stürzten uns auf das Essen. Die dicken weißen Klumpen waren in Kombination mit den Soßen echt erträglich. Lanre sah mich an. »Ist das dein erster Tag auf einem Internat? Oder nur dein erster Tag hier?«

»Ersteres«, antwortete ich.

Er hob eine Braue. »Woher kommst du?«

Ich seufzte. Mein Akzent verriet mich jedes Mal.

Ein Mädchen lehnte sich zu uns runter, presste ihre Hüften an die Tischkante und hielt Lanre ihre Brüste vor die Nase. Er lehnte sich zurück, um zu sehen, wer sie war.

Mein Magen zog sich zusammen. Es war Lola.

»Hi, Lanre«, sagte sie mit aufgesetzter Stimme. »Wie geht's denn so? Ich kann nicht fassen, dass ich zurück an diesem gottverdammten Ort bin. Nur noch zwei Jahre bis zur Freiheit!« Sie klang quirlig und mädchenhaft und wedelte beim Sprechen mit den Händen.

Lanre schien überfordert, lächelte aber.

»Ah, wie ich sehe, hast du London kennengelernt. Bisis neues Spielzeug, habe ich recht? Was ist mit deinen Haaren, London? Haben wir hier etwa eine kleine Rebellin?«

»Sie hat einen Namen«, fiel Bisi ihr ins Wort.

»Chai, sei nicht so verklemmt, Bisi. Das macht London doch nichts aus.« Sie stolzierte fort.

Lanre schüttelte den Kopf, und Bisi machte wieder dieses

Zischgeräusch. »Lass dich nicht von ihr ärgern. Am besten verschwendest du keinen Gedanken an sie«, sagte Bisi, dann wandte sie sich Lanre zu. »Tara ist nicht mal aus London.«

»Ach echt, woher dann?«, fragte er.

»Mein, ähm … Vater ist aus Nigeria und ich … wollte ein Auslandsjahr machen.« Ich griff nach meinem Glas, um ihrem Blick auszuweichen.

»Und, wie findest du Olumo Haven?«, fragte Lanre lächelnd, und ich war heilfroh über den Themenwechsel. Er verstand wohl, dass ich mich ungern erklärte.

»Oh, aufregend! Für mich ist alles neu, sogar dieses seltsame Stück Irgendwas auf meinem Teller.«

Sie brachen in Gelächter aus.

»Das ist Yam«, sagte Lanre. »Ein großes Wurzelgemüse.«

»Ich hoffe doch, es schmeckt dir, du kriegst das nämlich noch öfter serviert. Das ist so was wie das Yoruba-Nationalgericht«, sagte Bisi.

Lanre nickte energisch. »Die Yoruba essen fast nichts anderes. Bald kennst du alle Varianten. Yam-Brei, Yam-Porridge, gebratene Yam, Amala, gekochte Yam, Yam-Pfeffersuppe, Yam-Klöße, Yamarita …«

Er zählte sie an seinen Fingern ab, und ich machte große Augen.

»Jede Zubereitungsart kann mit Suppe oder Eintopf oder Gemüse kombiniert werden, also gibt es quasi unendliche Möglichkeiten. Yam zum Frühstück, Mittag-, Abendessen …«

Ich verschluckte mich und musste husten. Bisi reichte mir mein Wasser. Das Stück Yam, das ich probiert hatte, schmeckte ganz in Ordnung. Ich konnte mir vorstellen, so was ab und an mal zu essen. Aber drei Mal am Tag?

Sie brachen in Gelächter aus und verschluckten sich dabei selbst. Ich verschränkte die Arme und setzte eine ernste Miene auf, doch schon bald lachte ich mit.

Kapitel 14

Das kleine Mädchen prallte auf den flachen Felsvorsprung. Mit wackligen Beinen rappelte sie sich auf und erklomm schluchzend einen weiteren Höhenmeter. Die Sonne knallte, und Schweiß perlte auf ihrer Stirn, floss hinab zu ihren Augen. Rasch wischte sie ihn weg, trocknete den Handrücken an ihrem roten Gewand ab und kletterte weiter.

»Nein«, keuchte sie leise. »Nein, bitte nicht.« Sie zog sich an spitzen Felsen hoch, schlüpfte durch dunkle Spalten und hielt nur zum Verschnaufen inne. Sie kannte den Weg. Sie nahm ihn nicht zum ersten Mal. Ein staubiger Windstoß trübte ihre Sicht. Wieder keuchte sie und verdeckte ihre Augen. Der Irokobaum ragte hoch über ihr, die Wurzeln tief im Fels vergraben.

»Warum hast du uns nicht geholfen?«, rief sie. »Uns nicht beschützt?«

Etwas Dunkles schwoll in ihr an, dass sie meinte, gleich zu platzen. Sie zitterte am ganzen Körper, als wäre ein Erdbeben ausgebrochen. Für einen besseren Halt verlagerte sie ihr Gewicht und hievte sich über den letzten Felsvorsprung.

Mit dem Saum des ausgeblichenen roten Gewandes, das sie um ihren schmalen Körper trug, wischte sie Schweiß und Tränen weg. Ihre dunkle Haut, ihr rasierter Kopf waren mit rotem Staub bedeckt, als hätte sie sich auf dem Boden gewälzt. Sie eilte an die Felskante, ignorierte die Schüsse von unten, den Rauch und die Angstschreie. Das, wonach sie suchte, war weiter weg.

Die Staubspur verwehte schnell, und schon bald lagen die Hütten mit den brennenden Strohdächern hinter und der dichte Wald vor ihr. Sie erkannte das Pferd und den vagen Umriss eines Mannes, der sich vorlehnte, als beschützte er etwas.

Sie hob den Kopf, streckte die Fäuste gen Himmel und heulte: »*Iiieee ... Jiiimmiii!*«

***

Mit einem Schrei wachte ich auf.

»Was zum ...«, krächzte eine bekannte Stimme. Lola.

Es war stockdunkel. Hohe Bettpfosten umringten mich. Wo war ich?

Dann tauchte Bisi vor mir auf und legte ihre kühle Hand auf meine heiße Stirn.

»Alles gut«, flüsterte sie. »War nur ein Traum.«

Kapitel 15

Ein dumpfer Schlag, wie Holz auf Metall, riss mich aus dem Schlaf. Es war immer noch dunkel. Mein Herz pochte wie verrückt, nicht wegen des Lärms, sondern wegen des Traums. Es kam mir vor, als hätte ich die ganze Nacht lang versucht, das Mädchen auf dem Felsen zu erreichen. Ich kletterte immer weiter, konnte kaum mithalten, und als ich endlich oben ankam, platt und außer Atem, stand sie vor mir, mit ausgestreckten Armen. Jedes Mal, wenn ich versuchte, sie zu berühren, sie nach der Staubspur in der Ferne zu fragen, nach Jimi, löste sie sich in Luft auf.

Bisi brummte über mir.

Lola zischte genervt und drückte sich ihr Kissen aufs Gesicht.

Kurz darauf huschten zwei Schatten an der Wand entlang und verschwanden aus dem Zimmer. Bisi stieg langsam zu mir runter. »Wir sollten duschen gehen«, flüsterte sie. »Je früher, desto besser, dann muss man nicht anstehen.«

Wie ferngesteuert folgte ich ihr. Ohne Bisi wäre ich hier komplett verloren gewesen. Ich betrachtete sie im Spiegel, als wir uns die Zähne putzten. Sie sah genauso müde aus, wie ich mich fühlte. Meine Wangen wurden heiß bei der Erinnerung, wie sie mich tätschelte und beruhigte wie ein Kleinkind. Gott, ich führte mich hier so peinlich auf. Sie war unfassbar geduldig mit mir. Hoffentlich hatte ich sie nicht endgültig abgeschreckt. Im Moment kümmerte es sie jedenfalls nicht, dass ich ihr mal wieder hinterhertrottete wie ein Hündchen.

»Wir müssen uns um deine Haare kümmern«, hatte sie gestern nach dem Abendessen gesagt, als wäre es das Normalste auf der Welt. Dann hatte sie sich auf mein Bett gesetzt, eine Zeitung und mein Kissen auf den Boden gelegt. »Setz dich«, hatte sie mich aufgefordert und mir sanft die Haare gekämmt.

Ich betrachtete meinen neuen Look im Spiegel, berührte meine sorgfältig geflochtenen Cornrows. Das Gefühl ließ mich grinsen. Ich liebte, wie nigerianisch ich aussah.

»Willst du den ganzen Tag vor dem Spiegel stehen?« Bisi stand im Türrahmen.

Ich erschrak und fühlte mich erwischt. Grinsend machte sie sich auf den Weg. Wir waren die Letzten vor Lola, die wie eine Prinzessin hereinspazierte und unter der Dusche vor sich hin summte.

Ich eilte hinter Bisi durch das leer gefegte Wohnheim.

Der Tag war gerade erst angebrochen, noch kalt und grau. Die Morgenluft drückend, aber frisch. Ich wäre lieber draußen geblieben, als mich in den überfüllten Lernraum zu quetschen. Mrs. Abimbola stand vorne und gab mit viel zu lauter Stimme Befehle. Abgesehen davon war es still und die Stimmung träge.

»Was passiert da gerade?«, fragte ich Bisi, als Mrs. Abimbola eine Melodie anstimmte.

»Morgengebet«, flüsterte Bisi.

Es war ein Loblied, und alle stimmten ein. Ich starrte auf meine Finger. Nicht einmal, wenn ich vorsingen müsste, wäre ich so nervös. Meine Eltern gingen selten in die Kirche, und Gebete waren in Nigeria eher so was wie magische Beschwörungen – zumindest klangen sie so. Die meisten Mädchen schienen gedanklich ganz woanders zu sein oder hatten die Augen geschlossen. Ich schaute auf und erstarrte sofort. Mrs. Abimbola warf mir einen prüfenden, messerscharfen Blick zu. Ich bewegte meine Lippen, tat, als würde ich mitsingen. Ich kam mir bescheuert vor.

»Und jetzt das Vaterunser«, rief Mrs. Abimbola. *Ah, das kannte ich!* Fast hätte ich gejubelt. Ich betete es mit einer Inbrunst herunter, die ich gar nicht von mir kannte.

* * *

»Dieses blöde Laken!« Zum zwanzigsten Mal zog ich an der Ecke meiner Matratze. Warum bekam ich es nicht genauso glatt wie die anderen?

»London tut sich wohl schwer«, spottete Lola. »Warum rennst du nicht zu deiner Schulmama und bittest sie um Hilfe?« Sie schaute hoch zu Bisi.

»Warum kümmerst du dich nicht um deinen Kram und machst einfach dein eigenes Bett?«, entgegnete Bisi.

»Warum sollte ich, wenn mir meine lieben Fans behilflich sind?«

Mein Blick fiel auf eine verängstigte Schülerin aus der Mittelstufe, die sich an Lolas Bett abmühte. Ganz so dumm wie ich stellte sie sich allerdings nicht an.

»Passt das so?«, fragte sie den Tränen nahe.

»Du darfst gehen«, sagte Lola, ohne sich zu bedanken, und das Mädchen huschte davon.

Nach dem Morgengebet hatte Mrs. Abimbola uns vorgewarnt, dass sie die Zimmer überprüfen würde. »Unordnung wird nicht geduldet«, hatte sie mehrmals wiederholt und uns streng angesehen.

Lola lehnte an ihrem Bettpfosten und sah mich an. »Und du kommst wirklich zurecht, London? Eine verwöhnte Ajebutter wie du? Nur eine Nacht ohne Mummy und Daddy und schon kriegst du Albträume und kreischst rum.«

»Oh, jetzt geht das wieder los«, zischte Chidinma. »Es ist zu früh für deine Sticheleien. Lass die Arme in Ruhe jareh!«

Es klopfte an der Tür, und Mrs. Abimbola kam rein. Alle sprangen vor ihre Betten und guckten wie das Mädchen, das gerade vor Lola geflohen war. Ich bewegte mich keinen Millimeter.

Mrs. Abimbola faltete die Hände hinter dem Rücken. Sie nickte Lola und Rosemary zu, dann widmete sie sich Chidinma und Halimas Ecke. Eine GU guckte aus dem Spind neben dem Bett. Mrs. Abimbola sagte nichts und zeigte bloß darauf. Ohne zu zögern, sprang Halima auf und stopfte die Uniform hinein. Dann entdeckte Mrs. Abimbola etwas auf Chidinmas Matratze, das nach Zahnseide aussah, und fand einen BH unter ihrem Bett. Als sie an meinem Schlafplatz ankam, schüttelte sie den Kopf.

»Tara, so macht man sein Bett aber nicht. Ich erwarte morgen mehr.«

Sie stellte sich auf die erste Stufe der Bettleiter und inspizierte Bisis Schlafplatz.

»Was ist das für ein Buch?«, fragte sie stumpf. »Her damit.«

Halima und Chidinma tauschten Blicke aus, und Lola lächelte schadenfroh.

Bisi kletterte hoch und reichte es Mrs. Abimbola, die einen Blick auf das Cover warf und es sofort zurückgab. »Wenn ich jemals wieder eine von diesen gottlosen Schnulzen bei euch finde, dann habt ihr ein gewaltiges Problem, verstanden?« Sie zog demonstrativ an ihrem Ohr und drehte den Kopf in unsere Richtung, damit sich alle angesprochen fühlten.

»Ja, Ma«, antworteten wir, und ich war verwundert über meine wie aus der Pistole geschossene Antwort. Anscheinend passte ich mich schnell an.

»Unter meinem Dach kommt niemand vom richtigen Pfad

ab! Ihr werdet euch gefälligst benehmen und den Jüngeren ein Vorbild sein!«

»Ja, Ma«, sagten wir wieder im Chor.

»Und jetzt ab zum Frühstück! Habt einen guten ersten Schultag«, sagte sie und verließ den Raum.

Ich ließ mich auf mein Bett fallen, dann sprang ich gestresst wieder auf.

Bissi kicherte. »Entspann dich, die Betten werden nur einmal pro Tag geprüft.«

* * *

In der Schule herrschte reges Treiben. Die Tagesschüler trudelten durch den Haupteingang ein, und es wurde sich begrüßt, umarmt und gequasselt.

Jemand spazierte ins Klassenzimmer der SS2B. Ich stöhnte auf. Lola! Zum Glück ignorierte sie mich und quatschte einen Typen in der hintersten Reihe an.

Bisi reichte mir ihren Stundenplan, und ich schrieb ihn rasch ab. An diesem Morgen hatten wir als Erstes Yoruba. Na super! Ich lernte zwar gerne neue Sprachen, aber alle hier konnten entweder seit der Kindheit Yoruba oder hatten es in den letzten vier Jahren gelernt. Ich war eine blutige Anfängerin, umgeben von Experten.

Als unser Lehrer Mr. Bolaji hereinkam, eilten Halima, Chidinma und ein paar andere raus.

»Warum gehen die?«, fragte ich Bisi.

»Sie haben kein Yoruba«, antwortete sie. »Halima geht in den Hausa-Unterricht und Chidinma in Igbo.«

»Ach, man kann hier alle Sprachen Nigerias lernen?«

»Na ja, die drei Hauptsprachen jedenfalls. Für die anderen zweihundert bräuchte man etwas mehr Zeit.«

Ich riss die Augen auf. »Zweihundert!« Doch ich kam gar nicht zum Staunen, denn sofort beanspruchte das Yoruba, das über mir ertönte, meine Aufmerksamkeit. Schon das erste Wort, das Mr. Bolaji sprach, tat es mir an. Er war ein kleiner Mann mit großen, freundlichen Augen, ein richtiger Teddybär.

Die Lautstärke im Klassenzimmer sank nicht. Im Gegenteil, alle gaben melodische Antworten auf Yoruba und lachten.

Dann trat Stille ein, und alle sahen mich an. Ich erstarrte.

Mr. Bolaji wechselte ins Englische. »Ich sagte, wir haben dieses Jahr eine neue Schülerin. Wie heißt du?«

»Tara Walther«, sagte ich.

»Herzlich willkommen, Tara Walther. Wie gut kannst du Yoruba?«

Hinter mir prustete jemand.

»Ich glaube nicht, dass die in London Yoruba lernen«, sagte Lola und kicherte fies.

»Ich bin nicht aus London«, entgegnete ich lauter als gewollt. »Leider spreche ich gar kein Yoruba.« Meine Haut kribbelte unter all den Blicken.

»Hmm.« Er kratzte sich am Kopf. »Diesen Fall hatten wir

noch nie, aber das kriegen wir schon hin. Ich bringe dir nächstes Mal das JSS1-Lehrbuch und ein paar einfache Aufgaben mit. Am Unterricht kannst du dich noch nicht beteiligen, aber du kannst die Aufgaben bearbeiten. Vielleicht haben wir hier und da auch noch Zeit für eine Einzelstunde. Bist du eine Tages- oder Internatsschülerin?«

»Internat«, sagte ich.

»Umso besser. Dann kannst du deine Mitschüler immer um Hilfe bitten, wenn du Fragen hast.«

Ich nickte und hoffte, wir widmeten uns gleich endlich anderen Themen.

»Ich bin mir sicher, ihre Schulmama greift ihr gern unter die Arme«, warf Lola ein.

»Schluss jetzt, Lola! Was willst du eigentlich?«, zischte Bisi.

»Ahn, ahn ... immer mit der Ruhe, alle zusammen. Holt eure Bücher raus.«

Er wechselte wieder ins Yoruba, und sofort umschmeichelte mich eine seltsame Wärme. Ich verstand zwar nicht, was Mr. Bolaji sagte, aber der Rhythmus seiner Worte war mir vertraut. Sie legten sich zärtlich um mich wie ein Schlaflied aus der Kindheit, und fast konnte ich sie mitsummen. Ich war mir todsicher, diese Melodie nicht zum ersten Mal zu hören.

Kapitel 16

»Party an der Mauer! Ich wiederhole: Party an der Mauer!« Kaum hatte Chidinma den Kopf durch die Tür von Funmi 14 gesteckt, verschwand sie schon wieder.

Bisi sprang sofort vom Bett, wo sie sich mal wieder in einem Buch verloren hatte, und zog mich am Arm. Ich bügelte gerade meine Uniformen für nächste Woche.

»Komm schon, lass das liegen«, sagte sie und zog den Stecker des Bügeleisens. »Samstage sind zum Spaßhaben da – sonst hält man es hier nicht aus!«

Das sagte Bisi an diesem Morgen nun schon zum zweiten Mal. Wir waren um halb acht aufgestanden, aber verglichen mit halb sechs unter der Woche war das ein Traum. Mrs. Abimbola ließ uns in Frieden, und auch die Aufsichtsschülerinnen schienen entspannter als sonst. Es standen zwar eine Menge Hausaufgaben und Erledigungen bevor, aber ich konnte spüren, dass Samstag auch mein Lieblingstag werden würde.

»Kommst du?«, rief Bisi. Ich schaute auf die Uhr. Punkt drei. Noch zwei Stunden, dann durften wir telefonieren. Mein Magen drehte sich um bei der Vorstellung, mit Mum und Dad zu reden. Vor allem mit Mum.

Ich schob den Gedanken beiseite und holte Bisi ein. Sie rannte, hüpfte fast, und ihre Aufregung ging definitiv auf mich über. Ich konnte nicht anders, als zu kichern. Im Laufe der Woche war Bisi aufgeblüht, inzwischen war sie viel gesprächiger. Wir hatten buchstäblich jede Sekunde miteinander verbracht.

Ein Mädchen kniete auf der verwucherten Wiese im Atrium und mähte den Rasen mit einer Machete. Ich wurde langsamer, entsetzt von dem Anblick. Sie sah elend aus, ihre GU schweißgetränkt in der prallen Mittagssonne. Ihr Gesicht hatte ich schon einmal in Funmi gesehen.

»Was macht sie da?«, flüsterte ich Bisi zu.

»Den Rasen mähen.«

Ich verdrehte die Augen. »Das sehe ich! Aber warum bei der Hitze?«

»Als Strafe.«

»Oh.« Ich betrachtete das Mädchen. Sie wischte sich den Schweiß von der Stirn und verdeckte ihr Gesicht, als sie meinen Blick bemerkte. Ihre Augen waren rot und verquollen.

»Was hat sie angestellt?«, flüsterte ich. Sie tat mir schrecklich leid.

Ständig kamen Leute am Atrium vorbei, sie war so richtig auf dem Präsentierteller.

Bisi zuckte mit den Schultern. »Keine Ahnung.«

»Muss sie das alles mähen?«

»Glaube nicht. Normalerweise kriegt man einen Abschnitt zugeteilt.«

»Normalerweise? Passiert das öfter?«

»Nicht ständig, aber immer mal wieder. Also lern besser, dein Bett zu machen, sonst bist du als nächstes dran.«

»Meinst du das ernst?« Ich blieb stehen.

Sie lachte. »Quatsch. Für so eine Strafe müsstest du schon was Übles anstellen.«

»Was denn zum Beispiel?«

»Ich weiß nicht. Diebstahl, oder noch schlimmer: dich beim Rummachen erwischen lassen. Oder beim Lesen von den Liebesromanen, die Mrs. Abimbola so verabscheut.«

Ich kicherte. »Als wäre Rummachen oder Lesen auf einer Stufe mit Diebstahl.«

»In Mrs. Abimbolas Welt schon!«

»Was sind das überhaupt für Bücher?«

»Wir haben unzählige von denen im Haus versteckt. Alle lesen die. Ich kann dir eins organisieren, wenn du willst?«

»Oh, besser nicht!«, sagte ich voller Schrecken.

Bisi brach in Gelächter aus.

»Bist du prüde oder was?«

Ich stupste sie in die Seite. »Du weißt genau, was ich meine! Ich will keinen Ärger. Ich kann mein Leben nicht für irgendeine Schnulze riskieren!«

»Du brauchst 'ne dickere Haut, wenn du hier überleben willst, Girl! Wer immer nach den Regeln spielt, geht irgendwann ein. Im schlimmsten Fall stirbst du noch an Langeweile!«

Ich kicherte. »Sind die Bücher denn so unanständig?«

»Nicht wirklich. Meistens geht's um Frauen, die sich von irgendwelchen Arschlöchern das Herz brechen lassen, und ab und an gibt's eine kurze Sexszene. Am Ende merken sie, dass die Männer doch keine Chauvinisten sind, sondern eigentlich ganz nett, und wenn sie nicht gestorben sind, dann leben sie noch heute.«

»Das war's?«

»Ja, da hast du ihn: Mrs. Abimbolas schlimmsten Albtraum!«

Wir lachten uns kaputt.

»Aber mal im Ernst, als Informationsquelle sind die Dinger gar nicht schlecht. Wenn du es dir anders überlegst, weil du ein paar Tipps brauchst, sag Bescheid.« Sie wackelte mit den Brauen.

»Mit der Theorie bin ich vertraut. Der praktische Teil macht mir mehr Schwierigkeiten.«

Bisi grinste. »Wem sagst du das?«

Sie warf einen Blick auf den überdachten Pfad, dann überquerte sie ihn mit mir und schaute aufs Feld. »Okay, die Luft ist rein«, sagte sie und nahm meine Hand.

Wir eilten übers Feld zu den Bänken, wo wir herumstanden

und so taten, als würden wir uns unterhalten. Ich hörte jetzt schon die Musik und das Gelächter hinter der Hecke. Bisi sah sich noch einmal um.

»Keine Hausmutter in Sicht! Los, beeil dich!«

Das Unkraut am Zaun war bereits platt getrampelt, also konnten wir uns problemlos hindurchquetschen. Vor uns, zwischen ein paar Büschen, stand eine Gruppe Mädchen, darunter Chidinma und Halima. Sie tanzten zu leiser, rhythmischer Musik. Diese kam aus einem Handy auf der anderen Seite des Zauns, wo ein paar Jungs standen. Zwei von ihnen tanzten im Takt mit den Mädchen, wogen sich langsam vor und zurück. Die anderen tuschelten und kicherten.

»Hey!« Ein Junge winkte uns. Es war Lanre. »Was geht?«, fragte er und steckte eine Faust durch eine Lücke im Zaun.

»Was geht?«, sagte Bisi und schlug ein. Er lächelte, dann schlugen auch wir ein.

»Bisi, gut, dass du da bist!«, rief Chidinma. »Bitte erzähl Ifeanyi, was Mrs. Ogundipe uns verraten hat. Er will mir nicht glauben.«

Bisi ließ mich mit Lanre allein. Panisch schaute ich ihr hinterher. Ich spürte seinen Blick auf mir.

»Und, wie war deine erste Woche?«, fragte er und sah ganz und gar nicht aus, wie ich mich fühlte. Im Gegenteil.

»Tatsächlich ganz gut.«

Entspann dich! Atme!

»Klingt, als hättest du Schlimmeres erwartet?«

»Na ja, das ist alles ziemlich neu für mich, und es war nicht gerade ein fließender Übergang.«

»Dann war es also eine plötzliche Entscheidung, hierherzukommen?«

Ich nickte und biss mir auf die Lippe. Ich hatte mehr verraten, als mir lieb war. Aber sein Blick war so aufrichtig, seine Augen so dunkel und tief, und ehe ich mich's versah, gab ich noch mehr preis. »Ich bin in einer Selbstfindungsphase. Ich entdecke meine Wurzeln.«

Er hob eine Braue.

»Ich … ich bin adoptiert und habe erst vor Kurzem rausgefunden, dass meine Familie aus Nigeria kommt.« Ich wurde leiser.

»Klingt hart. So was nicht zu wissen, meine ich.«

Ich zuckte mit den Schultern.

»Und? Gefällt dir, was du hier in Nigeria so entdeckst?«

»So viel ist es noch nicht … aber ja.«

»Na dann müssen wir das Ganze mal ankurbeln«, sagte er motiviert. »Wenn ich mich recht entsinne, hast du Yam schon abgehakt.« Er hob die Brauen, und ich musste kichern.

»Ogi und Akara hattest du heute zum Frühstück. Was hältst du davon?«

»Akara ist super«, sagte ich und streckte den Daumen hoch. »Aber Ogi war eine Katastrophe«, sagte ich, als mir der saure weißliche Pudding in Erinnerung kam. Der bekam einen Daumen nach unten.

Er lachte, und es kribbelte in mir. Konnte Gelächter über Luft und Draht wandern und mich mitten in den Bauch treffen?

»Also gut, dann kommt jetzt die Musikstunde. Leider mit gedämpfter Lautstärke, weil ... ähm ... wir uns hinter einem Gebüsch verstecken. Normalerweise kriegt man nigerianische Musik in voll aufgedrehten Boxen serviert, nur so entfaltet sich ihre Würze. Aber lass dir gesagt sein, du hörst hier einen der Könige. Darf ich vorstellen: Wizkid!« Er hob die Arme und schwang die Hüften, wackelte mit dem Kopf und sang mit.

»Fühlst du diesen heißen Beat?«, fragte er. Er verzog das Gesicht, als würde die Musik wortwörtlich in ihn einströmen.

Grinsend nickte ich.

»Komm schon, Tara, tell me you dey feel am!«

Sein plötzliches Pidgin überrumpelte mich.

»Du musst antworten: *Yes, I dey feel am.*«

»Yes, I dey feel am«, sagte ich.

»Gut«, sagte er und klatschte in die Hände. »Dann zeig mir mal deine Hüften, Girl.«

Ich schüttelte den Kopf.

»Nicht so schüchtern. Lass dich von deinen nigerianischen Wurzeln leiten.«

»Niemals«, sagte ich.

»Hey, gib mir deine Hände.« Auf einmal waren seine auf meiner Seite.

Ich sah ihn verunsichert an. Seinem Blick nach zu urteilen,

meinte er es ernst. Sein Lächeln war so beruhigend, dass ich meine Finger in seine legte.

»Niemand guckt«, sagte er sanft.

Ich sah mich um. Er hatte recht. Alle Mädchen waren auf irgendwelche Jungs fixiert.

»Verlass dich einfach auf den Groove.«

Fast hätte ich gelacht, aber er machte keine Scherze. Er schloss die Augen, bewegte sich zum Beat, und ich merkte, wie ich es ihm gleichtat. Das Gefühl seiner Fingerspitzen an meinen war hypnotisch. Für ein paar Sekunden durchströmte mich die Musik.

Als der Song vorbei war und ich wieder das Gelächter und Getuschel wahrnahm, öffnete ich die Augen. Er staunte nicht schlecht. Ich grinste und konnte nicht genug von der Wärme kriegen, die sich langsam in mir breitmachte.

Kapitel 17

»Tara, mein Schatz! Oh, ich bin so froh, dich zu sehen«, rief Mum. Ihre schrille Stimme ließ mich zusammenzucken.

»Hi, Mum«, sagte ich und stellte mein Handy auf den Fenstersims im Telefonzimmer.

»Peter! Komm schnell, es ist Tara!«

Mum war rot, ihre Augen glasig.

»Wie geht's dir, Liebes?«

»Mir geht's gut, Mum! Ehrlich! Alles ist super.«

»Oh, zum Glück. Ich habe mir schon Sorgen gemacht.«

Dad legte seine Hand auf Mums Knie, doch sie schob ihn weg.

Warum fühlte ich mich so von ihnen abgeschnitten? So weit entfernt? Sollte es mich nicht traurig machen, meine Mutter so zu sehen? Es war, als hätte die Entfernung, der weite Ozean zwischen uns, meine Gefühle irgendwie verwässert. Eigentlich war ich einfach nur froh, dass sie mich nicht abholen und mit nach Hause nehmen konnten.

»Tara, hör zu, sobald etwas nicht in Ordnung ist und es dir nicht mehr gut damit geht ... sobald du nach Hause kommen willst, ruf uns an.« Sie warf Dad einen wütenden Blick zu. »Ich meine es ernst, Tara. Ich hole dich persönlich ab.«

»Bitte mach dir keine Sorgen, Mum. Mir geht es bestens. Ich fühle mich in der Schule sehr sicher – wir dürfen den Campus sowieso nicht verlassen. Ich habe hier eine tolle Zeit. Und ich bin richtig produktiv. Wenn ich zurück bin, habe ich den ganzen Stoff nachgeholt, versprochen.«

»Da bin ich mir sicher, Tara.« Mum seufzte. »Ich bin stolz auf dich, glaub mir. Auch wenn ich immer noch sauer auf deinen Vater bin. Es war nicht leicht, erst heute von dir zu hören. Ich habe die ganze Woche lang im Internet die Schule recherchiert, nach Rezensionen gesucht und mich über Nigeria schlaugemacht ...« Mum kämpfte mit den Tränen.

»Eine tolle Frisur hast du da! Du siehst ganz anders aus«, warf Dad ein.

»Danke, Dad.«

Mum nickte mit bebenden Lippen.

»Wie geht es dir so? Wie ist das Essen? Ist es ... ist alles in Ordnung?«, fuhr Dad fort.

»Dad, *dir* war das Essen zu scharf und die Luft zu heiß, nicht mir.« Ich lachte. »Mir geht's gut, das Essen ist klasse.«

»Freut mich wirklich, dass alles gut läuft«, sagte Mum wieder. »Ich dachte schon, du würdest weinen und uns erzählen, wie schrecklich alles ist.«

»Mum! Mir geht's gut. Ehrlich!«

Sie holte tief Luft. Ich merkte, wie schwer sie sich tat.

»Du siehst erwachsener aus«, sagte Dad.

Seine Kommentare und Mums Gehabe überforderten mich. Ich wechselte das Thema. »Wie geht es Lulu?«

»Oh, sie vermisst dich«, sagte Mum. »Komm her, Lulu.« Sie klopfte sich auf den Schenkel, und ein fluffiges rotes Büschel sprang darauf. »Sie schleicht immer um deine Tür herum, und nachts schläft sie in deinem Bett.«

»Hey, Lulu«, sagte ich, aber die Katze vergrub ihr Gesicht in Mums Schoß.

Ich erschrak, als es lautstark klopfte. Mit einem Schwung knallte die Tür gegen die Wand.

Lola platzte wutentbrannt herein. »Deine zehn Minuten sind seit fünf Minuten rum!«

»Gib mir noch eine«, rief ich und winkte ab.

Doch Lola verschränkte die Arme und rührte sich nicht vom Fleck. Ein paar Schaulustige in der Schlange schielten herein.

»Dad, Mum, ich muss los. Bitte macht euch keine Sorgen. Mir geht's gut«, stellte ich noch mal klar.

»Versprich mir«, sprach Mum panisch, »versprich mir, wenn dir etwas nicht passt, egal, was es ist, gehst du zum Rektor und holst dir die Erlaubnis, deine Eltern anzurufen, damit sie dich abholen. Wir können in 48 Stunden bei dir sein. Ich habe die Flugverbindungen rausgesucht.« Mit jedem Wort wurde Mum lauter. Ich versuchte, die Handylautstärke zu senken, aber ihre

Stimme hallte durch den Raum wie ein Megafon. Wut machte sich in mir breit, auf Lola und noch viel mehr auf die Worte meiner Mutter.

Ich würde ihr gar nichts versprechen. Niemals würde ich mich hier abholen lassen, keine Chance.

Mum wartete, aber ich entgegnete bloß gleichgültig: »Mach dir keine Sorgen, alles ist in Ordnung.« Dann legte ich auf.

Kapitel 18

»Was willst du eigentlich?«, fauchte ich Lola an. Ich stand dicht vor ihr, mit aufgeplusterter Brust. Ich konnte mich nicht erinnern, sie je so konfrontiert zu haben.

»Jede kriegt zehn Minuten, klar? Nicht zehn für uns und 15 für London!« Sie schubste mich und funkelte mich an. Ich prallte gegen die Tür, und meine Wut verpuffte so schnell, wie sie aufgekocht war. Ich blickte zur Schlange. Ein Mädchen schüttelte den Kopf, und die anderen tuschelten. Ich schämte mich für meinen Gefühlsausbruch.

»Es war ein Notfall, okay? Und außerdem hat mir niemand gesagt, dass ich nur zehn Minuten habe.«

»Schon klar, du hattest keine Ahnung«, äffte mich Lola nach. »Big Daddy London hat bestimmt ein paar druckfrische britische Pfund rüberwachsen lassen, um die Sache zu regeln.«

»Was?«, rief ich. Die Mädchen in der Schlange betrachteten mich wie Geschworene im Gerichtssaal.

»Ja, genau wie er für dich ausgehandelt hat, dass du Videoanrufe machen darfst, während wir übers Festnetz telefonieren müssen. Du hältst dich für was Besseres, mit deinem London und deinem Akzent und deinen britischen Pfund.«

»Hm?« Meine Sicht war verschwommen vor Tränen. Mir fehlten die Worte. Dad und der Rektor hatten sich darauf geeinigt, dass ich mein Handy benutzen durfte, weil es zu teuer wäre, übers Festnetz nach England zu telefonieren. Mein Gesicht glühte vor Scham. Die mussten mich für arrogant halten, für eine verwöhnte Göre, deren Vater alle bestochen hat, um es ihr hier gemütlich zu machen.

»Was geht hier vor sich?«, schallte Mrs. Abimbolas Stimme durch die Stille. »Lola, was ist in dich gefahren? Unterstellst du dem Rektor etwa, er wäre käuflich? In mein Büro, alle beide!«

»Aber ich bin jetzt dran!«

»Sofort!« Mrs. Abimbolas Stimme klang gefährlich tief.

Lola verdrehte die Augen, dann stampfte sie davon und versprühte mit jedem Schritt puren Zorn.

Ich lief ihr vorsichtig hinterher. Jetzt, wo ich meiner Wut Luft gemacht hatte, fühlte ich mich schwach. Mrs. Abimbola wandte sich der Schlange zu.

»Niemand in dieser Institution ist käuflich, und niemand bekommt eine Sonderbehandlung. Habt ihr verstanden?«

»15 Minuten Videoanruf klingt mir nach Sonderbehandlung«, warf Lola ein.

»Kommst du jetzt wohl in mein Büro!«, zischte Mrs. Abimbola. Sie stemmte die Hände in die Hüften und sah mich an. »Hast du wirklich 15 Minuten videotelefoniert?«

»Na ja, ich habe nicht auf die Zeit geachtet, weil ich nicht wusste, dass wir nur zehn Minuten haben, und …«

»War es ein Videoanruf?«, fiel sie mir ins Wort.

Ich nickte erschüttert. »Mrs. Abimbola, ich wusste nicht, dass das verboten ist.«

Eine Schülerin der Mittelstufe äffte meinen Akzent nach, um sich über meine Aussprache von Mrs. Abimbolas Namen lustig zu machen. Mein Kinn bebte, und wieder stiegen mir kochend heiße Tränen in die Augen.

***

»Lola, ich bin schwer enttäuscht von dir«, begann Mrs. Abimbola, als die Tür geschlossen war. »Tara ist neu hier, und statt sie willkommen zu heißen und ihr bei Fehlern unter die Arme zu greifen, fährst du sie vor allen anderen an.«

Lola starrte vor sich hin.

»Wo wohnen deine Eltern, Lola?«

Sie schaute verwirrt auf. »Ibadan.«

Mrs. Abimbola nickte. »Beruhigend, oder? Sie sind nur zwei Stunden entfernt. Wenn du krank bist oder dir, Gott bewahre, etwas zustößt, dann können sie gleich bei dir sein. Am Besuchstag in einem Monat werden sie hier sein, habe ich recht?«

Lola zuckte steif mit den Schultern.

»Taras Eltern leben Tausende Kilometer entfernt, auf einem anderen Kontinent. Sie hat keinen einzigen Verwandten in Nigeria. Wie klingt das im Vergleich?«

Lola guckte bloß beleidigt auf den Tisch.

Mrs. Abimbolas Worte ließen mich zusammenzucken. Ich wünschte, ich hätte Verwandte in Nigeria. Wenn nicht, was trieb ich dann überhaupt hier?

»Hast du noch etwas zu sagen, Lola?«

Lola schüttelte mit verschränkten Armen den Kopf. Mrs. Abimbola seufzte.

»Und du, Tara?«

»Es tut mir schrecklich leid, Mrs. Abimbola.« Ich spürte Lolas messerscharfen Blick, doch ich fuhr fort. »In Zukunft werde ich mir die Uhr stellen, um die zehn Minuten nicht zu überschreiten, und ich werde nur die Anruffunktion verwenden, kein Video.«

Mrs. Abimbola nickte.

»Du darfst gehen, Tara. Aber ich will nichts mehr von irgendwelchen Sonderbehandlungen in diesem Wohnheim hören, also sieh zu, dass du dich über alle Vorschriften informierst. Wenn du sie nicht einhältst, gibt es Konsequenzen, genau wie für alle anderen.«

Kapitel 19

Der Tunnel war dunkel. Das Mädchen musste sich ducken und konnte sich nur langsam vortasten. Es war hier eng und der Boden uneben, manchmal wurde der Gang breiter, manchmal konnte man nur kriechen. Der Schatten schlich weiter, immer war er ihr ein paar Schritte voraus. Der Tunnel weitete sich zu einer Höhle, ihr Herz pochte wie verrückt. Risse zogen sich über die Decke, durch die schwaches Licht hereinfiel. Das Mädchen suchte verzweifelt, doch sie konnte kaum etwas erkennen. Auf einmal bewegte sich ruckartig etwas. Katzenaugen betrachteten sie aus einer Ecke, dann verschwanden sie in einem anderen Tunnel.

»Duro! Warte!«, rief sie und rannte hinterher.

Beim Anblick einer raubtierhaften Gestalt, die hinten im Tunnel umherschlich, blieb sie stehen. Die Gestalt legte den Kopf schief, verengte die Augen, und ihr gepunktetes Fell streifte die Steinwand. Sie kam auf das Mädchen zu.

Das Mädchen kreischte, bis ihre Schreie mit dem Gebrüll der Gestalt verschmolzen.

* * *

Der schaurige Klang hallte durch die Höhle und meinen Kopf.
»Aufhören! Ruhe ... schhh.«
Ich hielt mir die Ohren zu.
»Bisi, sag deiner Abiku-Freundin, dass sie die Klappe halten soll.« Lolas Stimme riss mich aus meinem Schwindel.
Ich sah wieder klar, Kälte durchdrang meine Glieder. Ich stand barfuß im Flur vor Funmi 14, die Hand an der Türklinke. Bisi trat aus unserem dunklen Zimmer hervor. Sie tätschelte meinen Arm und löste meine Finger von der Klinke.
»Mir geht's gut«, zischte ich und wimmelte sie ab. Dann taumelte ich ins Bett und drückte mir zitternd mein Kissen aufs Gesicht.

* * *

Was ist ein Abiku?
Ich schrieb die Frage auf einen Zettel und schob ihn Bisi zu. Sie betrachtete ihn eine Weile, dann blickte sie zu Prefect Cynthia, der Aufsichtsschülerin, die in der Ecke des Lernraums saß. Cynthia war in ihr Buch vertieft, die Stirn gerunzelt. Die Schülerinnen nannten sie oft die »perfekte Cynthia«, weil alles

an ihr perfekt war, von ihren Noten über ihre weißen Socken und sorgfältig getrimmten Nägel bis hin zu ihrer blütenreinen GU. Sie war so beschäftigt damit, den Stoff für die Abschlussprüfungen zu pauken, dass sie nie merkte, wenn jemand fehlte. Hauptsache, es war still.

Bisi packte ihre Bücher zusammen, deutete mit dem Kinn zur Tür und schlich aus dem Saal. Auch ich nahm meine Bücher und flitzte hinterher. Besonders produktiv war ich heute sowieso nicht, ständig schweiften meine Gedanken zu meinen Träumen.

»Puh, länger hätte ich es in diesem Mief nicht ausgehalten«, flüsterte Bisi, als wir durchs Atrium eilten.

Wir brachten unsere Bücher in unser Zimmer und schlichen uns unbemerkt aus dem Wohnheim.

Bisi sah sich um, dann zog sie mich durch die Hecke hinter das Gebäude.

»Wo auch immer du uns gerade hinbringst, wie hast du diesen Ort bitte schön gefunden?«

Bisi lachte. »Warte mal ein paar Wochen ab. Irgendwann explodiert man hier, wenn man nicht mal eine Sekunde für sich allein ist.«

Wir erreichten einen hohen Zaun und liefen daran entlang. Ein breiter Fluss strömte neben uns her, und als er sich um den Zaun schlängelte, schien er uns beinahe zu verfolgen.

»Das ist der Ogun«, erklärte Bisi.

Das wilde Gestrüpp neben uns ging in sorgfältig angelegte Maisfelder über, vor uns lag ein Obsthain.

»Wow, ich habe noch nie einen Orangenbaum gesehen!« Ich griff nach der gelblich grünen Frucht und spürte ein Stechen an der Hand.

»Achtung, die haben Dornen!«

»Danke, hab ich gemerkt«, maulte ich und saugte an der Wunde. »Das ist der Garten mit der verschlossenen Pforte, oder? Der, in dem wir nicht sein sollten?«

»Ja, genau, der Schulgärtner kümmert sich darum. Wir könnten ihm über den Weg laufen, also pass auf.«

Ich betrachtete vorsichtig die Obstbäume und erinnerte mich an den seltsamen Umriss, den ich an meinem ersten Abend hier gesehen hatte. Der Garten wirkte jetzt anders, nicht mehr wild und verwuchert, sondern sorgfältig angelegt. Und doch fühlte ich mich unwohl. Die Nachmittagssonne warf messerscharfe Strahlen durch die Baumkronen. Auch auf uns knallte sie gnadenlos herunter, denn wir waren nicht mehr im Schatten. Die Luft war schwer und feucht. Lag das an der Nähe zum Fluss? Für einen Moment schloss ich die Augen und versuchte, mein Gleichgewicht zu halten. Der frische, herbe Duft von Zitrusfrüchten stieg mir in die Nase. Dann war da ein süßer, fast verfaulter Geruch. Ich schüttelte mich.

»Kommst du?«, flüsterte Bisi.

Ich eilte ihr hinterher wie ein Ferkelchen seiner Mutter, bis wir an einem seltsamen Baum mit dicken grünlichen Früchten vorbeikamen. Gewaltige Blätter sprossen an langen Ästen in die Höhe. So etwas hatte ich noch nie gesehen.

»Papaya«, sagte Bisi, als ich große Augen machte.

»Das ist wie im Garten Eden, Schlange inklusive. Nur ohne Apfelbaum.«

Bisi grinste.

»Wofür werden die da benutzt?« Wir kamen an Metallstäben und Brettern vorbei, die verlassen neben zwei Haufen aus grobkörnigem Sand lagen. Der Anblick passte nicht zu diesem gepflegten Garten.

»Da wollten sie eigentlich noch ein Wohnheim bauen. Die Wohnheime der Jungs sind anders angelegt, die haben Zweierzimmer. Aber kurz vor dem Bau der Mädchen-Wohnheime gab es ein paar seltsame Vorfälle, weshalb die Anzahl der Schülerinnen gesunken ist. Daraufhin haben sie das Bauvorhaben eingestampft.«

»Echt? Was ist denn passiert?«

Bisi zuckte mit den Schultern. »Als ich neu hier war, habe ich mich mit kaum jemandem unterhalten, weil mich die Gerüchte nicht interessiert haben. Das Internat sei verflucht und so.«

»Was?«

Bisi schnaubte. »Ach, das ist doch nur Gerede. Jedes Internat hat seine Geistergeschichten. Manche Schüler haben sie ein bisschen zu ernst genommen und sich abmelden lassen. Da hat der Rektor Panik bekommen und alle Pläne auf Eis gelegt. Deswegen teilen wir uns ein Zimmer zu sechst, obwohl das hier eine schicke Privatschule für Reiche sein soll.«

Sie klang sauer.

»Nicht, dass ich reich bin«, stellte sie klar. »Ich bin hier, weil meine Mutter auf einem grausamen Internat war, wo es fast nichts zu essen gab, und wenn doch, war es eklig. Und die fiese Oberstufe hat die Jüngeren gepiesackt und herumkommandiert, als wären es ihre persönlichen Assistenten. Sie hatte ein schlechtes Gewissen, weil sie mich ins Internat schicken musste, also hat sie das beste ausgesucht, das sie finden konnte. Sie hat mich verschickt wie ein Paket. Hauptsache, ich stehe ihr nicht mehr im Weg.«

»Du klingst sauer.«

Auf einmal stiegen ihr die Tränen in die Augen. Sie zuckte bloß mit den Schultern und deutete nach vorn. Dort, direkt am Zaun, stand ein etwa drei Meter hoher Felsbrocken, an den Seiten rau, oben glatt.

»Mein Geheimversteck!« Sie trat vor den Felsen und zog sich ihre GU bis zur Hüfte, wobei die schwarze Baumwollunterwäsche aufblitzte, die wir hier tragen mussten. Sie stützte ihre Füße am Zaun und an einer Kuhle im Felsbrocken ab, zog sich hoch, und schon war sie oben.

»Oya, du bist dran, Tara«, rief sie.

Ich tat es ihr nach.

»Schnell, leg dich hin«, sagte sie. »Sonst sieht man uns von den Personalwohnungen.«

Es war friedlich auf dem Felsen, man war vollkommen ungestört. Ein großer Baum schirmte uns vom Schulgelände ab, und unter uns plätscherte der Fluss. Wir rutschten auf dem

Bauch an die Felskante, um ihn uns anzuschauen. Grün glitzernd rauschte das Wasser vorbei. Wir schwiegen. Nur das Platschen der Fische und das Rascheln der Bäume hielt mich wach.

»Was für ein schöner Ort«, sagte ich nach einer langen Zeit.

»Aber es bleibt unter uns, okay? Erzähl niemandem davon.«

Ich nickte und freute mich, dass sie ihn mir gezeigt hatte.

»Alles gut?«, fragte ich, als mir ihr Gefühlsausbruch einfiel.

Sie nickte. »Ach, meine Mutter nervt nur, das ist alles. Gestern hat sie gesagt, sie schafft es wahrscheinlich nicht zum Besuchstag. Letztes Jahr war sie auch nicht da. Wir leben in Lagos, Mann, nicht in Sokoto! Lagos ist nur 'ne halbe Stunde von hier entfernt! *Entschuldige, Schatz, die Frauen von der Immobilienfirma haben ihre jährliche Dingsbums-Konferenz ausgerechnet auf diesen Tag gelegt, und du weißt ja, als Vorsitzende bla, bla, bla …*«

»Was ist mit deinem Vater?«, fragte ich.

Bisi schnaubte. »Der interessiert sich auch nicht, der ist ständig auf Geschäftsreise.« Sie fuhr mit den Fingerspitzen über den rauen Stein. »Warum kriegt man überhaupt Kinder, wenn man sowieso keine Zeit für sie hat? Zwingt einen ja keiner dazu. Muss wohl ein Urinstinkt sein. Aber da sollten wir drüberstehen, wir sind doch keine Tiere!«

Ich dachte an Ruth. Warum hatte sie mich auf die Welt gebracht? War ich ein Unfall? Eine Bürde, mit der sie nicht zurechtkam?

Ich stieß ein loses Stück Stein von der Felskante und sah

zu, wie es ein paar Mal aufprallte und verschwand. Ein Ploppen folgte nicht. Stattdessen landete es auf etwas Hartem. Ich stützte mich auf die Ellbogen, lehnte mich vor und entdeckte einen dunklen Hohlraum unter uns.

»Da unten ist eine Höhle oder so.«

Bisi nickte. »Ja, aber die ist total zugewuchert.«

Ich versuchte hineinzuspähen, erkannte aber nichts. Plötzlich wurde mir unwohl, ich fühlte mich beobachtet. Nicht von unten, sondern von oben, von ganz weit weg. Ich schaute gen Himmel. Zum Glück ging die Sonne langsam unter. Dann sah ich in der Ferne etwas Großes, Graues, das majestätisch über der Stadt ragte.

»Wow, von hier aus sieht man den Olumo!«, rief ich.

»Cool, oder?«, sagte Bisi.

Sofort verspürte ich diese Verbindung mit dem Felsen und atmete durch.

Bisi sah mich an. »Lass dich von Lola und ihren Freundinnen nicht einschüchtern, okay? Sie hasst es, nicht im Mittelpunkt zu stehen, und fühlt sich von dir anscheinend bedroht.«

»Aber warum denn? Ich habe mich doch gar nicht in den Mittelpunkt gedrängt. Ich bin halt die Neue, aber dafür kann ich nichts.«

»Und du bist aus England ... so richtig aus dem Ausland, inklusive Akzent ... und hübsch ... und Lanre mag dich.«

»Ist klar ...« Meine Ohren wurden warm. »Lanre mag mich vielleicht, aber er *mag* mich nicht.«

»Oh, es ist dir also noch nicht aufgefallen? Was glaubst du denn, warum er sich beim Mittagessen immer zu uns setzt?«

»Weil er mit *dir* befreundet ist?«

Bisi schüttelte den Kopf. »Ja, unsere Väter waren auf derselben Schule, also sind wir so was wie Familienfreunde, aber er hat uns kaum besucht. Wir haben nie viel Zeit miteinander verbracht … bevor du kamst.«

»Oh«, sagte ich. Ich war verlegen und gleichzeitig überglücklich, dass Lanre mich mochte. »Wie stehst du denn dazu? Ich meine, hast du, ähm …«

»Gefühle für Lanre?« Bisi lachte laut. »Nein, überhaupt nicht. Ich habe ihn heulen sehen, so richtig mit Rotz, als wir klein waren. Und übernachtet habe ich damals auch bei ihm. Er ist wie ein Bruder für mich.«

Ich atmete auf.

»Aber nur, weil er wie ein Bruder ist, heißt das nicht, dass ich nicht sehen kann, wie heiß er ist«, sagte Bisi mit einem breiten Grinsen, das ihr niedliches Grübchen zum Vorschein brachte. Es war, als würde es mit ihr mitgrinsen.

»Allerdings!«, rief ich so überzeugt, dass mir schwindelig wurde. »Er ist doch nicht vergeben, oder?« Ich wurde nervös. Endlich sprach ich aus, was mir schon auf der Zunge lag, seit ich ihn kennengelernt hatte.

»Nö. Und als deine Freundin kann ich dir sagen: Er ist ein guter Fang.«

»Und auf wen stehst du? Gibt es da jemanden?«

»Ja, schon. Ein Freund von Lanre. Er heißt Theo. Ich will, dass Lanre mich mit ihm verkuppelt, aber der spielt den Moralapostel, von wegen Theo wäre doch fast 18, und er wüsste ja nicht, ob das eine gute Idee ist. Das einzig Blöde ist, Theo ist Lolas Cousin.«

»Oh! Das ist ja mies.« Mein Lächeln verging mir beim Gedanken an Lola, und Bisi nickte.

»Das Monster von Funmi 14.«

»Na ja, ich kann ihr nicht übel nehmen, dass sie mich seltsam findet. Und Abiku genannt hat, was auch immer das heißt.« Ich warf Bisi einen Blick zu. Anders als Maxine konnte ich Bisi gefühlt alles anvertrauen. Trotzdem hatte ich Angst, von ihr verurteilt zu werden. Angst vor ihrer Reaktion. »Ich weiß, das mit meinen Albträumen und meinem nächtlichen Geschreie ist anstrengend«, sagte ich leise.

»Du kannst nichts dafür«, erwiderte Bisi. »Jeder hat mal Albträume.«

Ich dachte an Chidinmas mitleidigen Blick beim Frühstück und zuckte zusammen. Ich wollte nicht die Seltsame sein, die allen leidtat.

»Willst du drüber reden?«

Ich erstarrte. »Was bedeutet Abiku?«, fragte ich stattdessen.

Bisi seufzte. »Das lässt sich schwer erklären, wenn man hier nicht aufgewachsen ist. Abiku sind Kinder aus der Geisterwelt, die unsere irdische Welt betreten und verlassen können, wann sie wollen. Sie bereiten ihren Eltern Sorgen und Schmerzen.«

»Betreten und verlassen, wann sie wollen? Was meinst du damit?«

»Sie sterben jung und werden immer und immer wieder in dieselbe Familie hineingeboren. Sie können nie wirklich auf der Welt ankommen, weil sie ständig von ihrer Geisterfamilie gerufen werden. Es ist ein Fluch.«

»Was?« Ich setzte mich auf. Das konnte nicht wahr sein.

Auch Bisi richtete sich auf und sah mich an.

»Hey, glaub nicht an solche Mythen. Das war nur eine Erklärung. Es hat nichts mit dir zu tun! Niemand hält dich ernsthaft für ein Abiku.«

Meine Gedanken überschlugen sich. Ich brachte kein Wort raus.

»Tara, Abiku ist eine Beleidigung, kapiert? Das hat nichts zu bedeuten.«

»Aber warum denkt Lola, ich wäre ein Abiku?«

»Das denkt sie doch nicht wirklich! Sie hat dich wegen deinen Albträumen so genannt, und weil sie fies ist. Der Legende nach werden Abiku ohnmächtig oder haben Albträume, wenn sie von ihrer Geisterfamilie gerufen werden. So treten sie mit ihr in Kontakt.«

Ich dachte an meinen Albtraum und daran, wie meine Mitbewohnerinnen mich schlafwandelnd im Flur gefunden hatten. Heiße Tränen stiegen mir in die Augen. Ich wich zurück, um herunterzuklettern. Doch ich verfehlte den Zaun, rutschte ab und nahm nichts mehr wahr außer Bisis Schrei.

Kapitel 20

Der Zaun federte meinen Sturz ab, dennoch sackte ich vor Schmerzen am Boden zusammen. Als ich mein aufgeschrammtes Knie und meine gerissene GU betrachtete, schimmerte etwas kupferrot im Gras.

Es war ein runder Kettenanhänger mit kaputtem Verschluss. Hineingeritzt waren winzige Symbole, die ein Gesicht umrahmten. In der Mitte ein Paar Augen, schlitzförmig wie bei einer Katze. Für einen Moment funkelten sie grün auf, während die Symbole zu dunklen Flecken und der Anhänger golden strahlte. Mein Herz pochte, und Blut schoss mir durch die Adern. Ich hatte Druck auf den Ohren, hörte nur ein Säuseln und ein weit entferntes Echo.

Tara!

Bisi rief nach mir. Ich erschrak, als sie hinuntergestolpert kam.

»Oh mein Gott, Tara, warum sagst du nichts? Ich dachte schon, du hättest dich verletzt.«

Auf allen vieren steckte ich den Anhänger rasch in meine GU.

»Mir geht's gut«, flüsterte ich, immer noch leicht benommen.

Dann setzte ich mich auf und umklammerte meine Knie, um zu verdecken, wie sehr ich zitterte.

Bisi hielt Ausschau nach dem Gärtner, dann setzte sie sich zu mir. »Was ist hier los? Sag schon.«

Nicht einmal meinen Eltern hatte ich erzählt, worum sich meine Träume drehten. Aber inzwischen lagen meine Nerven blank, und ich konnte mich nicht mehr zurückhalten.

Ich erzählte ihr alles.

Einfach alles.

Es war eine unfassbare Erleichterung. Bisi sagte nichts, bis ich fertig war. Sie horchte aufmerksam und schien überwältigt. Kein Wunder, es war auch keine leichte Kost.

»Du hast also Erscheinungen aus der Vergangenheit?«

Ich nickte.

»Und du hast den Olumo in deinen Träumen gesehen, bevor du wusstest, was das ist, und du wusstest von dem Haus an der Klippe, bevor du dort warst, und du wusstest, wie deine leibliche Mutter gestorben ist? Du kannst wirklich hellsehen?«

Wieder nickte ich vorsichtig, die Fäuste geballt und darauf wartend, dass sie verstört das Weite suchte.

Stattdessen holte sie Luft. »Okay, es gibt für alles eine logische Erklärung. Du hast also Visionen. Es muss einen Grund dafür geben. Wir müssen rausfinden, was dir deine Visionen sagen wollen. Dann wird sich alles klären, ganz bestimmt.«

Ich warf ihr einen skeptischen Blick zu. »Oder ich bin doch ein ... Abiku.« Das Wort ging mir schwer über die Lippen. »Was, wenn die Geisterwelt nach mir ruft? Ich will nicht so jung sterben wie meine Vorfahren.« Ich konnte nur noch flüstern.

»Du wirst nicht jung sterben.« Bisi schien überzeugt. »Erstens gibt es Abiku nur in Nigeria. Ich meine, es gibt sie gar nicht, sie existieren nicht! Und deine Verwandten, die jung gestorben sind, sind aus Europa. Das macht doch keinen Sinn.«

Sie wartete meine Reaktion ab, doch ich seufzte bloß.

»Zweitens, falls dich jemals ein Geist holen will, sagst du einfach: ›Nein, danke, mir geht es hier ganz wunderbar‹.«

Sie ging auf und ab. »Als Erstes müssen wir rausfinden, ob die Meldebehörde Infos über diesen Jimi hat. Wenn er wirklich dein Vater ist, kann er dir bestimmt alles erklären. Die Behörde hat allerdings samstags, wenn du dein Handy benutzen darfst, nicht auf. Wir müssen einen von den Tagesschülern bitten, uns sein Handy auszuleihen.«

Ich nickte. Das klang nach einem Plan. Trotzdem war ich skeptisch. Fetzen meiner Träume kamen mir auf. Das kleine Mädchen, das den Felsen hochkletterte. Hatte nicht auch sie nach Jimi gerufen? Oder brachte ich da etwas durcheinander? Wo lag die Verbindung? Was hatte das alles zu bedeuten?

»Dann — und das ist der schwierige Teil — müssen wir dich zum Olumo bringen«, fuhr Bisi fort. »Vielleicht kann Lanre uns helfen. Für mich klingt es, als wäre der Olumo der Schlüssel. Du musst zurück dorthin und ... zu ihm sprechen, ihn anhören oder anfassen.« Sie machte große Gesten, als wäre es das Normalste der Welt, mit einem Felsen zu sprechen.

»Aber ich war schon dort! Abgesehen von ein paar Visionen ist nichts Besonderes passiert.«

»Ja, aber die Visionen haben irgendwie mit dem Olumo zu tun. Anscheinend bekommst du sie nur nach und nach. Wenn du mehr wissen willst, solltest du sie aktiv auslösen.«

Langsam wurde ich zuversichtlich. »Danke, Bisi … dass du mich nicht für lächerlich hältst.«

»Oya, komm, jareh.« Sie half mir hoch und umarmte mich fest. Da fiel mir etwas ein. »Bisi?«

»Hm?«, fragte sie, die Arme noch immer um mich geschlungen.

»Wie kommen wir denn zum Olumo? Wir dürfen doch den Campus nicht verlassen.«

Bisi ließ mich los und lächelte verschmitzt. »Na ja, da wird das Ganze etwas komplizierter.«

Kapitel 21

»Wollen wir noch zur Mauer, bevor die Wohnheime schließen?«, rief Bisi über die brausenden Duschen und das Getratsche der Zähne putzenden Mädchen hinweg. Wir kamen gerade vom Abendessen.

Bei der Vorstellung, Lanre zu treffen, kribbelte mein Bauch. Ich wollte ihn unbedingt wiedersehen, außerdem brauchten wir seine Hilfe, aber ich fürchtete mich jetzt schon davor, ihm meine Geschichte zu erzählen.

»Lanre war am Boden zerstört, weil wir beim Abendessen nicht zusammensaßen.« Bisi grinste im Spiegel.

»Bestimmt«, sagte ich, und meine Wangen wurden heiß. Er hatte mit Freunden am Tisch gegessen und uns gewunken. Am Boden zerstört hatte er nicht ausgesehen.

»Du standest mit dem Rücken zu ihm. Du weißt doch gar nicht, wie er dir hinterhergeguckt hat. Du hast Glück, dass er dir kein Loch in die GU gebrannt hat.«

Ich schnaubte und spülte mir den Mund aus. »Ich sollte zur Abwechslung mal lernen«, sagte ich. Natürlich wollte ich das Gespräch mit Lanre möglichst lange aufschieben, aber ich kam kaum noch im Unterricht mit.

Bisi stöhnte auf. »Sei nicht so eine Streberin!«

»Und diese ganzen Hymnen muss ich auch noch auswendig lernen. Die Nationalhymne, die Schulhymne, die Hymne von Funmi House. Ihr habt echt für alles eine Hymne. Ein Wunder, dass Funmi 14 keine hat. Hier in Nigeria wird nur gesungen!«

Bisi verschluckte sich fast an ihrer Zahnpasta.

»Mrs. Abimbola sitzt mir schon im Nacken wegen der Morgengebete.«

»Sonntag war aber auch eine Schande«, sagte Bisi kichernd. Ich verdrehte die Augen, und sie kriegte sich nicht mehr ein. Am Sonntag hatte mich die Religionslehrerin aufgefordert, ein Lied anzustimmen, und ich hatte kein Wort rausgebracht. »Irgendein Loblied, es muss auch keine Hymne und kein Psalm sein«, hatte sie freundlich klargestellt, um mir zu helfen. Doch mir war wirklich gar nichts eingefallen. Ich hatte dagestanden wie ein Vogel mit halb offenem Schnabel, der nie das Singen gelernt hatte.

»Die Nationalhymne ist so einfach«, sagte Bisi. »Nach ein, zwei Durchläufen kannst du sie auswendig.« Sie legte ihre Zahnbürste weg. »Komm, wir singen zusammen«, sagte sie und legte lautstark los. »*Arise, oh compatriots, Nigeria's call obey ...*«

»Bisi!«, kicherte ich leise. »Wir können doch nicht im Bad üben!«

»Warum nicht?« Sie stellte sich aufrecht hin wie beim Morgengebet, legte die rechte Hand aufs Handtuch an ihrer Brust und fuhr noch lauter fort.

Jemand zischte aus einer Duschkabine: »Wer ist das? Nerv nicht jareh!«

Doch dann stimmte ein Mädchen nach dem anderen aus voller Brust ein. Der ganze Raum vibrierte, alle sangen lauthals mit. Immer und immer wieder sangen wir die Nationalhymne, bis ich sie auswendig konnte. Mitten im Refrain verließen wir das Bad und rannten beinahe Mrs. Abimbola in die Arme. Sie schüttelte missbilligend den Kopf, doch ich erkannte den Ansatz eines Lächelns.

»Immer mit der Ruhe, wir wollen keine Verletzten. Mit nassen Hausschuhen wird nicht gerannt!«

Bisi und ich trotteten ins Zimmer 14 wie zwei jaulende Welpen. Lola war allein und ließ rasch ein Buch unter ihrem Kissen verschwinden. Sie zischte vor sich hin, dann machte sie sich aus dem Staub.

Bisi hielt sich den Finger vor den Mund und zog das Buch heraus. »Mal sehen, was die Bestie liest.«

Der Titel, *Jane Eyre*, war so ausgeblichen, dass er kaum noch zu erkennen war.

»Oh, *Jane Eyre* habe ich auch gelesen«, sagte ich.

»Entschuldige, aber so was liest Lola im Leben nicht. Wollen wir wetten?« Wir hakten unsere kleinen Finger ein, dann durchschnitt Bisi unsere verbundenen Finger mit der anderen Hand.

Sie grinste, als sie meine Verblüffung sah, und reichte mir das Buch.

»Sieh selbst.«

Die ersten Seiten waren vergilbt, die danach jedoch schneeweiß und brandneu. Ich machte große Augen. »Da ist ein anderes Buch drin. Wow, wie ausgefuchst von Lola!«

Bisi lachte. »So lesen wir alle verbotene Bücher.«

»*Die sieben Männer der Evelyn Hugo*«, las ich.

»Oh!« Sie hob alarmiert die Brauen.

»Was ist?«

»Das ist gefährlicher Stoff. Ich habe schon gehört, dass ein Exemplar rumgehen soll. Klingen sieben Männer für dich etwa christlich? Sogar gleichgeschlechtliche Beziehungen kommen dadrin vor! Aber die Geschichte an sich ist auch super, du solltest es lesen, wenn Lola durch ist.« Sie grinste über meinen verstörten Blick.

»Ich habe schon genug Probleme, ich brauche keine neuen«, sagte ich und dachte an Mrs. Abimbolas fürchterliches Gebet gestern.

Möge der Herr uns bewahren vor dunklen Versuchungen, bösen Gedanken und Geistern. Davor, des Teufels Handlangerinnen zu werden oder Lesben.

»Was hat Mrs Abimbola überhaupt? Wie kann sie so offen

homophob sein?« Beim ersten Mal hatte ich noch gedacht, ich bildete mir die Worte ein. Aber dann hatte sie sie wiederholt, und niemand hatte mit der Wimper gezuckt. »Sollte man das nicht beim Rektor melden oder so? Ihre Gebete sind diskriminierend.«

Bisi schnaubte. »Wach auf, du bist in Nigeria! Sag so was nicht laut. Willkommen auf der dunklen Seite deiner Wurzeln. Nigeria ist unter den homophoben Ländern ganz oben mit dabei. Homosexualität ist gesetzlich verboten, man kann dafür ins Gefängnis kommen. Mrs. Abimbola ist da, um die Gesetze hier durchzusetzen.«

Auf einmal hörten wir Schritte. Bisi riss mir das Buch aus der Hand und schob es unters Kissen – genau als die Tür aufflog und Lola hereinkam.

Kapitel 22

»Euer Ernst?«, rief Lanre, als er von unserem Plan hörte. Sein entspanntes, hübsches Gesicht war verzerrt.

»Pssst!«, ermahnte Bisi ihn und blickte nervös zu den Schülern an der Mauer.

»Keine Chance, Bisi! Ich versuche hier, so was wie dein großer Bruder zu sein und dich davor zu bewahren, Scheiße zu bauen. Und dann kommst du mir mit dieser Idee?«

»Wer hat gesagt, dass ich einen großen Bruder brauche?« Bisi verdrehte die Augen. »Ich kann auf mich selbst aufpassen.«

Lanre verschränkte die Arme. Hätte ich nicht solche Angst davor gehabt, was er schon bald von mir halten würde, dann hätte ich es süß gefunden.

»Hallo?!«, entgegnete er. »Deine Mutter hat mir das zu deiner Einschulung aufgetragen. Du standest direkt daneben!«

»Rede jetzt doch nicht von meiner Mutter und halt mir hier keine Standpauke.«

»Zweitens!«, fiel Lanre ihr ins Wort. »Wenn du keinen Aufpasser bräuchtest, würdest du hier nicht stehen und das Unmögliche von mir verlangen.«

Bisi packte mich an der Hand und riss mich fort.

»Weißt du was? Danke für nichts. Es geht hier nicht um mich, sondern um Tara. Sie braucht uns! Ich kann nicht fassen, dass du sie einfach im Stich lässt.«

»Ich, ähm ...«, stammelte ich und gab Bisi mit einem Stirnrunzeln zu verstehen, dass sie Lanre in Ruhe lassen sollte.

Sie zwinkerte mir schelmisch zu, schleifte mich weiter hinter sich her und lief mit wütenden Gesten davon. »Wir finden jemand anderen«, rief sie ihm über die Schulter zu.

»Was soll das alles, Shakara? Hörst du gefälligst auf, so ein Theater zu machen, und kommst zurück, damit wir vernünftig reden können«, rief er.

Bisi drückte meine Hand noch einmal, dann ließ sie sie los und kehrte um. Sie verkniff sich ein Grinsen, und Lanre schüttelte erschöpft den Kopf.

»Also gut, dann erklärt mir mal, warum ihr Mädels über den Zaun klettern und die größte Strafe, vielleicht sogar einen Schulverweis, riskieren wollt, nur um einen Felsen zu besichtigen.«

Ich seufzte.

Wir mussten ihm wohl oder übel die Einzelheiten verraten.

»Du kannst ihm vertrauen«, sagte Bisi sanft.

Ich vergewisserte mich, dass niemand lauschte, und schilderte ihm alles kurz und knapp. Weil ich ihm nicht in die Augen sehen konnte, starrte ich auf den Zaun.

»Du bist nigerianischer, als ich dachte«, sagte er, als ich fertig war.

Ich schaute vorsichtig auf. »Warum?«

Er grinste. »Na ja, du kommst gerade erst aus England und befasst dich jetzt schon mit den höchsten Formen des Juju und der Hexerei, die mir je untergekommen sind.«

Sein Lächeln brachte mich zum Strahlen.

»Oya-oh!«, maulte Bisi. »Hilfst du uns jetzt oder nicht?«

Er kratzte sich am Kopf. »Die Meldebehörde anzurufen, sollte kein Problem sein. Ich frage Wale – der leiht euch nach der Schule bestimmt sein Handy.«

»Und wir machen dir auch wirklich keine Umstände?«

»Quatsch, er ist ein guter Kumpel und weiß, wie gern ich dich mag.« Lanre sah mir direkt in die Augen, und mein Körper war wie gelähmt.

Ich griff nach dem Zaun. »Oh«, sagte ich, schüchterner denn je. »Ähm, danke.«

Er lächelte, und ohne nachzudenken, lächelte ich zurück.

»Oh Gott«, raunte Bisi. »Kannst du dir das Geturtel für später aufheben? Wir haben andere Probleme. Aufwachen, Lanre! Was ist mit dem Olumo?«

Lanres Lächeln verschwand. »Der Teil gefällt mir nicht.« Er seufzte. »Ich wünschte, wir könnten tagsüber hinfahren!«

»Ja, das ist das Problem. Wir sind alle Optionen durchgegangen: Wir haben nie mehr als ein, zwei Stunden frei. Das reicht nicht!«, erklärte Bisi.

»Wir haben überlegt, Mr. Bolaji zu fragen, ob wir nach dem Yoruba-Unterricht zum Lernen in seinem Klassenzimmer bleiben dürfen«, sagte ich.

»Oder wir verpassen das Mittagessen, weil wir angeblich Krämpfe haben. Aber uns *beiden* glauben sie das nie, und es wäre immer noch nicht genug Zeit«, sagte Bisi.

»Außerdem werden wir tagsüber eher erwischt«, ergänzte ich.

»Du weißt ja, wie es ist. Keine Privatsphäre«, sagte Bisi.

»Es wird nicht leicht, euch an der Pforte vorbeizuschleusen«, seufzte Lanre. »Und selbst wenn wir es schaffen — wie wollt ihr erklären, dass ihr weg seid? Das würde sofort auffallen.«

»Tja«, sagte Bisi.

»Und habt ihr überhaupt darüber nachgedacht, dass wir nicht nur von hier *aus*brechen, sondern auch in den Olumo *ein*brechen müssen? Ich bezweifle, dass der Park nachts geöffnet ist.«

Bisi und ich nickten. Darüber zerbrachen wir uns schon die ganze Zeit den Kopf.

»Das ist illegal, Leute! Wenn jemand uns für Verbrecher hält und die Polizei ruft, werden wir vielleicht festgenommen oder erschossen. Und wenn wir überleben, gibt es einen fetten Eintrag im Führungszeugnis.«

»Maaann, Lanre, seit wann bist du so ein Weichei? Mit elf

warst du lustiger drauf.« Bisi wandte sich mir zu. »Weißt du, einmal habe ich bei ihm übernachtet, und wir sind mitten in der Nacht zwei Kilometer durch den Verkehr und irgendwelche dunklen Gassen gelaufen, um im Wildpark Lekki ein echtes Buschbaby zu sehen. Die sind nachtaktiv, also mussten wir um die Uhrzeit da hin, aber das hat uns nicht abgehalten.«

»Das ist was anderes«, sagte Lanre. »Damals hatten wir noch keine Ahnung, was das für Konsequenzen gehabt hätte.«

»Pff!« Bisi warf den Kopf in den Nacken und stemmte die Hände in die Hüften. »Ich glaube eher, damals warst du noch nicht so ein Ajebutter.«

»Kannst du mal aufhören, mich so zu nennen? Das ist kein Spaß, okay? Ich bin Aufsichtsschüler. Ich habe einen Ruf und Verantwortungen.«

»Lanre, ich will dich nicht in die Bredouille bringen. Du musst das nicht tun«, sagte ich.

Für einen Moment sah er mir so intensiv in die Augen, als wollte er in mich hineinschauen.

»Schon in Ordnung. Wir machen das.« Auch wenn er mahnend einen Finger hob, klatschte Bisi in die Hände. »Wir müssen uns immer noch überlegen, wie wir an den Wachleuten vorbeikommen. Die gesamte Außenwand ist nachts beleuchtet. Das wird schwierig, wenn nicht sogar unmöglich.«

Schweigen trat ein.

»Der Fluss!«, rief ich, als mir der Felsbrocken am Zaun einfiel. »Wie wär's, wenn wir an deinem Geheimversteck über den Zaun klettern? Dann könnten wir am Fluss entlanglaufen, bis in die Innenstadt.«

Bisi pfiff und gab mir ein High Five. »Das ist es, Girl!«

Kapitel 23

»Aua!«, jammerte Bisi und purzelte nach vorn. Ich fing sie auf. Dass eine Leiste am Badezimmerfenster fehlte – ein wohlgehütetes Geheimnis in Fumni –, verschaffte uns eine Fluchtmöglichkeit. Das Loch, das dadurch entstand, war nämlich so klein, dass Mrs. Abimbola es nie entdeckt hatte, aber groß genug, um schon vielen wagemutigen Schülerinnen vor uns einen Weg in die Freiheit zu ebnen.

»Na los, hör auf, zu träumen!«, flüsterte Bisi. Sie nahm meine Hand, und wir huschten wie Diebe durch die Nacht, sahen uns auf dem Weg zum Felsbrocken jeden Schatten ganz genau an. Ich hörte jetzt schon den rauschenden Fluss. Der Geruch von Algen und Fisch war nachts noch penetranter.

Ich hoffte, alles würde nach Plan verlaufen und Lanre am Treffpunkt auf mich warten. Er hatte nicht den Eindruck gemacht, als wäre es schwer, sich aus dem Jungen-Wohnheim zu schleichen. Als Aufsichtsschüler hatte er sowieso den Schlüssel. Aber er musste durch die Mensa, über den Campus der Mädchen und an den Personalwohnungen vorbei. Mein Herz raste vor Aufregung. Wenn er erwischt wurde, war er erledigt.

Als mir Bisi beim Zubettgehen zugewinkt hatte, hielt ich das Ganze noch für ein lustiges Abenteuer. Jetzt, bei Nacht und Nebel, verstand ich erst, was wir hier gerade trieben. Das war's mit lustig. Was, wenn die Sache nach hinten losging?

Am Zaun angekommen, wurde mir flau im Magen. Der Olumo ragte in der Ferne hoch hinauf, rund und gewaltig nahm er den blaugrauen Himmel ein. Ich trat aus dem Gebüsch hervor, warf einen Blick über den Zaun und die raschelnden Äste. Ein kalter Wind vom Fluss brachte fischige Nässe mit sich. Ich schüttelte mich. Dieser mir nur allzu vertraute Drang machte sich in mir breit. Ich konnte es kaum erwarten.

Bisi atmete durch, als Lanres langer Schatten auftauchte. Auch ich entspannte mich ein wenig.

Wir ließen Lanre den Vortritt und stiegen nacheinander durch die Lücke zwischen Felsen und Zaun. Schon bald balancierten wir über den schmalen Steinvorsprung am Fluss, klammerten uns am Zaun fest und bahnten uns vorsichtig den Weg durchs Gestrüpp.

Niemand sagte ein Wort. Ab und an stöhnte jemand von uns auf, als er oder sie aus dem Gleichgewicht geriet.

Die Situation war absurd. Ich musste mich immer wieder vergewissern, dass Bisi und Lanre echt waren und ich nicht träumte.

»Achtung«, flüsterte Lanre und brach das Schweigen. »Da drüben guckt ein Stein raus.« Das tintenschwarze Flusswasser schien immer schneller zu rauschen, angetrieben vom kalten Nachtwind. Würde man da hineinfallen, wäre es das gewesen. Unsere Taschenlampen blieben in Lanres Rucksack, denn wir wollten nicht auffallen. Ich verließ mich auf meinen Tastsinn, fuhr mit den Fingern über den Zaun, auf der Suche nach dem Zaunpfahl. Wo war der Mond, wenn man ihn mal brauchte?

Wir warnten uns gegenseitig vor hervorstehenden Ästen oder Löchern im Boden und sprachen etwas lauter, da das Schulgebäude hinter uns lag.

»Boah, die Mücken haben heute echt Hunger!«, zischte Bisi, und ein lautes Klatschen ertönte.

»Die Dinger spüren, dass wir die Hände nicht frei haben, um uns zu verteidigen. Teufelsviecher!«, entgegnete Lanre.

Ihr Geplauder beruhigte mich, und ich bewegte mich entspannter. Den anderen schien es genauso zu gehen, denn schon bald hatten wir einen beachtlichen Teil der Strecke geschafft.

»Sieht man schon die Hauptstraße?«, fragte Bisi zum x-ten Mal.

»Nein, sieht man nicht! Hör auf, rumzuheulen und alle fünf Minuten zu fragen«, zischte Lanre.

Ich grinste. Ständig sprangen sie sich beinahe an die Gurgel, genau wie Geschwister.

Dann verhedderte ich mich in etwas Hartem, einer Wurzel oder so. Ich rutschte ab, und mein linkes Bein schlitterte über den schlammigen Graben. Klirrend kaltes Wasser stieg mir in den Sneaker, und ich quietschte.

Ein muskulöser Arm gab mir Halt. Es war Lanre. Ich stützte mich an seinen Schultern ab, schnappte nach Luft, und er zog mich aus dem eiskalten Wasser.

»Alles gut?«, murmelte er in meine Haare. Ich nickte und genoss den kurzen Moment der Wärme und Sicherheit.

Der Schilf- und Fischgeruch wich etwas Frischem, Zitronigem. Dem Duft von Lanre. Ich atmete tief ein und erstarrte, als mir klar wurde, dass ich zum ersten Mal einem Jungen so nah war.

»Oh, ähm, entschuldige, ich meine, danke. Das war knapp«, sagte ich und wollte ihn loslassen.

Doch Lanre hielt mich fest, und ich spürte seine warme Brust unter meinen Fingern. Meine Knie wurden weich.

»Allerdings«, sagte er mit tiefer Stimme. »Sehr, sehr knapp.«

Unsere Blicke trafen sich im schwachen Mondlicht. Er flirtete mit mir, musterte mich mit einem lässigen Lächeln.

»Euer Ernst? Es ist mitten in der Nacht, und wir könnten jeden Moment erwischt werden oder, noch schlimmer, in diesen Nyama-Nyama-Killerfluss fallen, und ausgerechnet jetzt müsst ihr herumturteln? Oya, oya, los jetzt! Das ist nicht der richtige Zeitpunkt!«, zischte Bisi von hinten.

Lanre ließ mich mit einem Seufzen los, und ich tastete unbeholfen nach dem Zaun. Meine Wangen wurden warm, und innerlich glühte ich beim Anblick von Lanres gut gebautem Körper noch mehr.

Endlich erreichten wir die Hauptstraße, auf der auch nachts noch viel los war. Ein paar Leute unterhielten sich an der Schulpforte. Wir eilten in die andere Richtung, auch wenn meine Schuhe schmatzten und mein linkes Hosenbein völlig durchnässt war.

Lanre rief ein Taxi.

»Guten Abend, Sir«, begrüßte Bisi den Fahrer, als er anhielt. Laute Musik schallte aus seinem Radio.

»Wir wollen zum Olumo Rock«, sagte Lanre.

Der junge Mann beäugte uns, als wüsste er, dass wir nichts Gutes im Schilde führten.

»Oya, enta!«, forderte er uns auf.

»Was, wenn er unsere GU erkennt und bei der Schule anruft?«, flüsterte ich, sobald ich zwischen Bisi und Lanre auf der Rückbank eingequetscht war.

»Pssst«, zischte Bisi. »Wenn du weiter so rumschreist, dann macht er das vielleicht wirklich.«

»Als würde um die Uhrzeit überhaupt jemand rangehen«, sagte Lanre.

»Mrs. Abimbola schläft bestimmt mit dem Telefon unterm Kissen und wartet nur auf diesen Anruf«, fauchte Bisi.

»Kennst du den Weg zum Olumo, Lanre?«, fragte ich. »Was, wenn er uns direkt zur Schule fährt?«

Lanre schüttelte den Kopf. »Entspann dich, Tara! Solange wir zahlen, juckt diesen Typen nicht, wer wir sind oder was wir treiben.«

Trotzdem betrachtete ich den Fahrer immer wieder im Rückspiegel. Die zehnminütige Fahrt kam mir vor wie eine Stunde reinste Folter. Unter den Wohnheimfenstern und am Fluss entlangzuschleichen, war nicht halb so beunruhigend gewesen, wie hier auf dem Präsentierteller zu sitzen. Jetzt gab es einen Zeugen.

Wir stiegen an einer Straße nahe dem Tor zum Olumo aus. Obwohl es nach Mitternacht an einem Wochentag war, trieben sich hier ganz schön viele Leute rum. Straßenhändler verkauften Akara, Brot und gegrillte Maiskolben. Ihre Gesichter leuchteten gespenstisch unter den flackernden Straßenlampen. Wir kamen an ein paar zwielichtigen Gestalten vorbei, die auf umgedrehten Pappkartons und klapprigen Plastikstühlen vor einem Kiosk saßen. Aus ihrem halb kaputten Radio ertönte stockend Musik. Sie interessierten sich nicht für uns, zogen an ihren krummen Spliffs, und der Rauch wehte zu uns rüber. Bisi griff meinen Arm, und wir gingen rasch weiter.

Fast waren wir da. Der Fels überragte alles. Ich konnte den Blick nicht von ihm abwenden, von den Falten auf seinem Gesicht, von seinen Kurven, Kratzern, Rissen und Auswüchsen.

Mein Herz setzte einen Schlag aus, als wir um die Ecke bogen. Die Auffahrt zum Olumo, an beiden Seiten abgeschirmt durch einen hohen Metallzaun, war nicht frei. Zwei Wachmänner standen an der Pforte. Einer aß gerade, und der andere lag ausgestreckt auf einer Bank.

»Sieht schlecht aus«, murmelte Bisi.

»Wenigstens schläft einer«, nuschelte ich.

»Ich habe eine Idee«, sagte Lanre. »Ich gehe hin und stelle Fragen, und ihr schleicht euch an ihnen vorbei. Seht mal, das Tor ist offen.«

Schweigend betrachtete Bisi die Auffahrt.

»Bist du sicher, dass du das durchziehen willst, Bisi? Ich will dich nicht in Schwierigkeiten bringen. Ich würde verstehen, wenn du …«

»Wir sind schon so weit gekommen, jetzt mache ich keinen Rückzieher«, erwiderte sie. »Außerdem habe ich in meiner gesamten Zeit auf diesem bescheuerten Internat noch nie so was Aufregendes erlebt.« Ihre Zähne blitzten im Dunkeln auf, und ich erwiderte ihr Grinsen.

Dann sah ich Lanre an. »Bin dabei«, sagte er. »Ich brauche nur einen Stift und Notizblock. Kleinen Moment.«

Er ging die Straße runter zu einem Kiosk, der noch geöffnet war, und kam mit Zeitung und Bleistift wieder.

»Das wird schon reichen.« Er faltete die Zeitung und ging auf das große Tor zu.

»Okay, Lanre, zeig uns, was du draufhast. Los, los, los«, flüsterte Bisi vor sich hin.

Lanre ging lässig auf den Wachmann zu, der eine rote Baseballcap trug und auf etwas herumkaute. Sein Kollege trug einen weißen Kaftan und lag immer noch seelenruhig da.

Bis hierher hörten wir Lanres Brummen in der Stille. Was um alles in der Welt verzapfte er ihnen da?

Schon bald unterhielten sie sich wie alte Kumpel. Bisi warf mir einen Blick zu. Ich erkannte ihr Gesicht zwar nicht richtig, aber konnte spüren, wie sie die Augenbrauen hob. Lanre begann, sich Dinge auf der Zeitung zu notieren, und nickte enthusiastisch, während der Wachmann sprach. Er kam ihm immer näher, bis dessen Sicht auf die Straße versperrt war.

»Los geht's.« Ich packte Bisi am Arm, und wir huschten am Zaun entlang.

»Du hättest im August kommen sollen«, sagte der Wachmann. »Der Schrein ist nur während des Olumo-Fests geöffnet. Ansonsten dürfen nur zwei Menschen sie betreten: unser traditionelles Oberhaupt, der Alake von Egbaland, und der höchste Priester.«

Es war fast zu einfach. Bisi und ich schlichen uns in dem Moment rein, als Lanre sagte: »Ach was! Nur ein Mal im Jahr?«

»Ja«, fuhr der Mann fort. »Früher wurden am Schrein Menschen geopfert.«

Die Luft änderte sich schlagartig, als stünde sie plötzlich unter Strom. Ich spürte den Olumo auf meiner Haut, in meiner Nase. Es war überwältigend, ihm so nah zu sein. Kalter Schweiß floss an mir herunter, und mein Herz klopfte wie verrückt. Heute würde ich Antworten kriegen. Ich konnte es schmecken.

Bisi rempelte mich an, schnappte nach Luft und hielt sich den Mund zu.

»Menschen?«, fragte Lanre und tat schockiert. »Das muss ich mir sofort notieren.«

Er machte das echt gut.

»*Früher*, sha«, stellte der Mann nochmals klar. »Heute werden schwarze Kühe geopfert.«

Meine Sicht verschwamm, als Bisi und ich über einen runden Platz mit Brunnen huschten, hoch zu einer Treppe.

Ich musste mich setzen. Meine Zähne klapperten, und die Kälte meines nassen Hosenbeins drang in meinen Körper.

»Was ist los?«, flüsterte Bisi.

»Weiß nicht.« Ich hörte immer noch den Wachmann, aber auf einmal war da noch ein dumpfes Flüstern. Eine kühle Brise umgab mich, und ich vernahm ein Knistern, wie von einem Kaminfeuer, das mich einlud, mich daran zu wärmen. Ich griff nach dem Geländer, und meine Beine trugen mich bis zum ersten Treppenabsatz. Ich wollte rennen, doch mein Körper kooperierte nicht. Ich streckte mich nach dem Felsen, aber es dauerte viel zu lange, bis ich ihn endlich zu fassen bekam.

Als meine Handflächen auf den glatten, kühlen Stein trafen, entwich mir ein Seufzer. Das Knistern wurde lauter, und ich blickte zu den Ästen vor dem blauen Nachthimmel. Bei meinem ersten Besuch hier mit Dad hatte die Reiseleiterin diesen Ort *Panseke Garden* genannt. Hohe Pansekebäume ragten hier gen Himmel wie Schwerter. Es waren ihre im Wind raschelnden Früchte, von denen das leise Knistern kam, das *seke-seke*.

»Wir sollten uns beeilen«, flüsterte mir jemand ins Ohr.

Bisi stand hinter mir. Ich runzelte die Stirn. Was hatte sie hier verloren?

»Ich weiß nicht, wie lange Lanre den Wachmann ablenken kann«, sagte sie. Ihre Stimme erklang aus weiter Ferne, wie ein Echo.

Ich schüttelte den Kopf. »Nein«, rief ich und stieß sie weg.

Sie stürzte zu Boden, riss die Augen auf, während die Pansekebäume über uns knisterten.

»Tara!«, rief sie mir hinterher. Ich stolperte vorwärts, vorbei an den mit Kaurimuscheln verzierten Statuen und dem Schrein, watete durch die schwere Luft. Dann fiel auch ich zu Boden, völlig außer Atem, und ein saurer, rostiger Geruch stieg mir in die Nase. Meine Hände fühlten sich glitschig an, und auf einmal waren da dunkle Flecken auf dem Boden. Ich wusste, was das für Flecken waren. Blut war an den Eingang zum Schrein geschmiert worden, daran klebten flatternde Federn.

Von dem Geruch drehte sich mir der Magen um. Mein Körper gab nach, und ich hatte das Gefühl, zu Boden gedrückt zu werden. Die Geräusche des Panseke Garden wurden immer lauter, bis sie unerträglich dröhnten. Ich hielt mir die Ohren zu.

Nackte Füße mit weißen Kreidebemalungen kamen auf mich zu, und das Dröhnen wurde wilder. Sie kamen immer näher, die Kaurimuschel-Fußbänder klapperten mit jedem Schritt. Sie kamen, um mich zu holen! Mit rasendem Herz schrie ich auf, rollte mich außer Reichweite.

»Du weißt es. Ich sehe es in deinen Augen!«, ertönte eine dünne Stimme.

Ich schnappte nach Luft, versuchte panisch herauszufinden,

woher sie kam. Auf einmal verstummte das Dröhnen, und da stand sie, im Schatten des Schreins. Eine zerbrechliche alte Frau. Die Hüterin des Olumo, die ich schon einmal an der Spitze des Felsens getroffen hatte. Oder?

Ich setzte zum Sprechen an, aber meine Kehle war staubtrocken. »Guten Abend, Ma«, krächzte ich.

Sie sagte nichts, doch ich spürte ihren lodernden Blick.

»Was sagten Sie gerade?«, flüsterte ich. »Was meinen Sie?«

Der Himmel klarte auf, sodass Mondlicht auf uns schien. Ihr Gesicht war noch immer im Schatten, aber jetzt erkannte ich, dass sie einen langen roten Kaftan trug.

»Ich brauche Antworten«, flehte ich. »Bitte!«

»Der Olumo ist die Antwort. Der Olumo ist immer die Antwort. Er ist das Ende aller Wanderungen.« Sie sprach so leise, als würde ich mir die Worte nur einbilden.

»Folge mir«, sagte sie und verschwand um die Ecke.

Ich sprang auf, geriet ins Wanken. Ich durfte sie nicht verlieren.

Gebückt betrat sie eine Höhle, und ich folgte ihr ins dunkle Nichts. Es war stickig, man hörte ein Kratzen, dann flackerte eine Lampe auf. Die Höhle bestand aus einem Tunnel, aber wohin er führte, wusste ich nicht. Im Flackern der Lampe schienen die Wände kaum greifbar — als dehnten und schrumpften sie gleichermaßen. Die Frau setzte sich neben die Lampe auf den Boden. Wenn das die angeblich über 130 Jahre alte Iya Olumo war, dann war sie echt fit. Sie band einen Knoten an ihrer Hüfte auf und holte Kaurimuscheln und einen Stein hervor. Schweiß floss mir übers Gesicht. Auf einmal war mir alles andere als kalt.

Die Frau kratzte Markierungen in den Boden. Ich zählte die Muscheln, während sie einen Kreis zog. Es waren genau 16. Als die Hüterin fertig war, richtete sie ihre endlos tiefen Augen auf mich. Auch wenn ich nicht verstand, was sie mir sagen wollte, schien sie mich mit ihrem Blick zu durchlöchern.

Als sie sprach, erstarrte ich, denn ihre Stimme schien tief in meinen Kopf einzudringen.

»Du suchst nach Orten, die hinter dir liegen. Den Weg vor dir siehst du nicht.«

Ich verstand, was sie meinte, und schluckte.

»Du fragst nach dem Wem und Was.«

Ich nickte.

Sie warf die Kaurimuscheln in den Kreis, wo sie in alle Richtungen hüpften.

Stirnrunzelnd murmelte sie vor sich hin.

»Eine Palmnuss hat immer einen Kern.«

Wieder warf die Frau die Muscheln, und wieder verstreuten sie sich. Sie schüttelte den Kopf und ließ die Hand unentschlossen über ihnen kreisen.

In dem Moment fiel mir etwas auf. Keine der Muscheln war im Kreis gelandet. Er war groß genug, und sie hatte nicht mit viel Schwung geworfen, doch alle waren außerhalb gelandet.

Gänsehaut überkam mich.

Sie schien beunruhigt. Oder eher sauer.

Dann wandte sie den Blick von den Kaurimuscheln auf mich. Ihre Augen schienen hohl und ihre Gesichtszüge hart.

»Ein Unterteil braucht immer ein Oberteil und ein Äußeres immer ein Inneres.«

Was sollte das heißen?

»Dir fehlt eine Hälfte. Dort, wo sie hingehört, ist es dunkel und wund. Hinter dir sehe ich reihenweise verdammte Seelen. Wenn du dich nicht ergibst, werden es noch mehr.«

Sie machte eine ruckartige Geste, aus der ich nicht schlau wurde. Mein Herz hämmerte gegen meinen Brustkorb. Unzählige Fragen brannten in mir.

»Bitte erzählen Sie mir mehr«, keuchte ich. Meine Sicht verschwamm, und die alte Frau erbleichte. Oder war ich es? Ich spürte mich selbst nicht mehr, erkannte kaum noch ihre Lippen, vernahm kaum noch ihre Worte. Dabei hing doch mein Leben davon ab! Während sie sprach, verschwand ihr Mund immer wieder in den Tausenden Falten auf ihrem Gesicht, das mir, genau wie ihre Augen, auf einmal endlos erschien.

»Ich sehe dich vor einem Spiegel. Bald wirst du dich selbst sehen und kennen. Das Loch in deiner Seele wird gefüllt sein. Dann wirst du endlich ganz.«

Ein letztes Mal flackerte die Lampe, und es wurde stockdunkel.

Kapitel 24

Kalte Hände packten mich an der Schulter.

Ich schrie.

»Tara! Was ist los? Schhh!« Bisi klang panisch.

Warum kniete ich vor einem Schrein? Ich betrachtete meine Hände im Mondlicht. Sie waren schmutzig und voller Blutflecken. Ich pustete eine Feder von ihnen.

»Mir geht's gut«, nuschelte ich und erlaubte ihr, mir aufzuhelfen. »Was ist mit Lanre?«

»Wir haben ein Problem! Der andere Wachmann ist aufgewacht, und ein dritter Typ kam dazu.«

»Scheiße! Und was macht Lanre?«

»Er steht noch da.«

»Wie sollen wir hier jemals rauskommen?«

Wir eilten die Treppe hinab zum Brunnen. Die Wachmänner lachten und quasselten, während Lanre dastand und ins Dunkle blickte. Als sie wegschauten, rannte ich raus und winkte.

Lanre musste mich gesehen haben, denn er erstarrte. Dann schnappte er sich etwas, das unter der Bank lag, und rannte los.

Rannte um sein Leben.

Erst glotzten die Männer bloß. Dann rief einer von ihnen: »Ole, ein Dieb! Meine Taschenlampe!«, und los ging die Verfolgungsjagd.

»Oh mein Gott, Lanre!«, flüsterte ich.

»Was zum …?«, hauchte Bisi.

Wir tauschten Blicke aus und wussten sofort, wir mussten abhauen. Unsere Sneaker prasselten über die Straße wie Platzregen. An einer Ecke hielten wir inne, doch von Lanre und seinen Verfolgern war keine Spur zu sehen. Die Straße war wie leer gefegt, nur ein müder Lebensmittelhändler saß da und wartete auf einen letzten Kunden. Wir gingen zügig weiter, aber nicht zu schnell, um keine Aufmerksamkeit zu erregen. Allmählich konnte ich durchatmen. Ich nahm Bisi fest an der Hand, und meine Angst spiegelte sich in ihren Augen.

Weiter vorne wendete eine Frau noch immer Akara in heißem Öl, und die Männer vom Kiosk tranken weiterhin ihr Bier und kifften. Ihre Musik drang stockend aus dem klapprigen Radio. Mit jeder Minute wurde ich nervöser. Als wir an ihnen vorbeikamen, warf einer von ihnen uns lüsterne Blicke zu.

»Hey, Mädels, setzt euch doch zu uns«, rief er. Der Typ neben ihm zwinkerte. Ich schüttelte den Kopf und stolperte Bisi hinterher, die mich am Arm zog.

»Guck niemandem in die Augen«, zischte sie.

Wir erreichten die nächste Kreuzung und blieben ratlos stehen, als drei Männer auf uns zurannten. Einer trug eine rote Baseballcap, der andere war der Mann im weißen Kaftan. Sie sprachen leise, und ihre Gesichter waren schweißüberströmt.

Sie würdigten uns keines Blickes. Doch gerade, als ich feiern wollte, dass Lanre ihnen entkommen war, bemerkte ich, was einer in der Hand hielt.

»Oh nein, Bisi! Er hatte doch die …«

»… Taschenlampe!«, sagte Bisi.

Wir rannten in die Richtung, aus der die Männer gekommen waren. Ich konnte kaum noch klar denken, als wir die Gassen absuchten und beteten, dass Lanre dort nicht bewusstlos rumlag.

»Oh Gott, bitte nicht«, nuschelte Bisi, und mein Herz überschlug sich.

»Hey, Mädels, warum so eilig?« Ein schmaler Schatten erschien zwischen uns, und wir kreischten im Chor.

Lanre schnaubte.

»Wie … Was zum …«, setzte ich an, und wir brachen in erleichtertes Gelächter aus.

»Wie konntest du entkommen?«, fragte Bisi, als wir uns beruhigt hatten.

»Ich habe die Taschenlampe fallen lassen und mich aus dem Staub gemacht. Die hatten keine Chance gegen mich, ich bin ja nicht umsonst der schnellste Sprinter der Schule.«

»Ich habe mir solche Sorgen gemacht«, sagte ich.

»Freut mich, dass ich dir nicht egal bin.« Er lächelte verschmitzt.

Ich boxte ihn in den Arm. »Was dachtest du denn! Drei wütende Männer sind dir hinterhergerannt und haben ›Dieb!‹ gerufen. Ich hätte mir niemals verziehen, wenn dir was zugestoßen wäre.«

»Wie kommen wir jetzt zurück?«, fragte Bisi.

»Zu Fuß. Wir sind sowieso fast da. Ein Taxi lohnt sich nicht mehr«, sagte Lanre.

Wir gingen zügig, niemand sagte ein Wort. Wie ferngesteuert folgte ich Lanre und Bisi durch die leeren Straßen, setzte ein Fuß vor den anderen und klammerte mich an den Zaun, während wir am Fluss entlangwankten. Jetzt hatte ich Zeit zum Nachdenken. Mein Kopf war benebelt von allem, was geschehen war. Ich merkte nicht einmal, als wir an der Stelle ankamen, wo wir über den Zaun klettern konnten.

»Alles gut?«, fragte Lanre sanft und half mir hoch. Ich nickte. »Hast du jetzt deine Antworten?« Er ließ meine Hand nicht los.

Ich zuckte mit den Schultern. »Bin mir nicht sicher.«

Er wandte den Blick nicht ab.

»Ich bin froh, dass wir dort waren. Da oben ist definitiv etwas passiert. Ich muss nur … nachdenken.«

»Ich schaue, ob die Luft rein ist«, flüsterte Bisi. Sie verschwand mit leisen Schritten im Gebüsch.

»Hey«, sagte Lanre und schloss mich in die Arme. »Sag Bescheid, wenn ich noch etwas machen kann.«

»Das heute war schon der Wahnsinn. Du hast dein Leben riskiert!« Ich grinste.

Er zuckte mit den Schultern. »Ich bin froh, dass ich helfen konnte.« Seine Augen schimmerten im Mondlicht. Er war wunderschön. Ich wünschte mir nichts lieber, als dass er mich küsste.

Er sah meine Lippen an und lehnte sich vor. Sein Duft umschmeichelte mich. Ich seufzte, und ehe ich mich's versah, trafen seine Lippen auf meine — sanft und zärtlich und fest. Wie durch Magie wanderten meine Hände an seinen Schultern hoch. Ich klammerte mich an seinen Nacken, denn ich konnte der Welle von Gefühlen, die über mich hereinbrach, kaum standhalten.

»Das wollte ich schon tun, seit ich dich kennengelernt habe«, flüsterte er.

Ich wollte antworten, doch ich konnte nicht sprechen. Ich schmiegte mich enger an ihn, sehnte mich nach seinem Geschmack. Lanre schien überrascht, doch dann küsste er mich wieder, diesmal intensiver, die Hände fest um meine Taille geschlungen.

»Ähm...« Bisi räusperte sich. »Ich will ja keine Spaßverderberin sein, aber wir sollten es echt nicht drauf anlegen.«

Bisi hatte recht. Ich riss mich aus Lanres Armen.

»Gute Nacht«, sagte er und hielt meine Hand noch einen Moment länger. »Und mach dir keinen Kopf. Ich bin mir sicher, alles wird sich klären.«

Lanre verschwand in der Dunkelheit, und Bisi und ich schlichen zurück ins Wohnheim. Wir huschten langsam am Feldrand entlang, hielten uns nah an der Hecke.

»Aufs Liebesfenster ist immer Verlass«, sagte Bisi.

»Hä?«

»So nennen wir das Fenster im Bad«, kicherte Bisi.

Bisi wackelte mit den Augenbrauen, und mein Herz machte Freudensprünge.

»Du magst ihn also, hm?«, fragte sie.

Weil ich schwieg, pikste sie mich, und ich musste kichern.

»Na ja, er ist schon ganz süß«, flüsterte ich und hoffte, mein breites Grinsen im Dunkeln zu verstecken.

»Er ist ein anständiger Typ. Sag ihm nicht, dass ich das gesagt habe, aber er ist für mich wirklich wie ein großer Bruder.«

Ich lächelte.

»Oya, Bauch einziehen, Girl.« Sie griff nach dem Gitter am Fenster. »Noch ein letztes Mal in den Ring, dann ist es vorbei!« Angestrengt presste sie sich durch die Lücke. »Erinnere mich dran, mir das Abendessen zu sparen, wenn wir das nächste Mal so was planen.«

»Dein Bauch ist hier nicht das Problem«, nuschelte ich und drückte ihren Hintern durchs Gitter.

Bisi plumpste mit einem Schnauben ins Bad. »Was sagst du da über meinen Arsch? Du kannst den restlichen Weg auch gerne alleine gehen.«

Ich kicherte und machte mich klein. »Ich stelle die Dinge

doch bloß in Relation. Was kann dein Bauch für deinen Arschumfang?!«

Auch sie kicherte jetzt, und ich war endlich im Bad. Geschafft. Eine Last fiel von mir ab.

Wir schlichen uns über den Flur und wollten gerade die Klinke zu Funmi 14 runterdrücken, als jemand die Tür öffnete. Die Person knipste ihre Taschenlampe an und leuchtete uns ins Gesicht.

»Na, mal wieder auf der Suche nach deiner Abiku-Freundin? Schlecht geträumt?«, spottete Lola. Sogar im Halbschlaf klang sie fies.

»Geht dich gar nichts an«, zischte Bisi.

»Geht mich wohl was an, wenn ich mit einem wild gewordenen Abiku zusammenwohne. Sag ihr, sie soll sich zusammenreißen, sonst erzähle ich Mrs. Abimbola davon.«

»Wovon denn?«, warf ich ein.

»Von deinen Ruhestörungen, deinen dunklen Juju-Praktiken und Geisterbeschwörungen.«

»Wie bitte?«, rief ich.

»Bist du wahnsinnig?«, zischte Bisi.

»Ruhe!«, rief jemand aus dem Zimmer.

»Mrs. Abimbola muss nur das Wort ›Geister‹ hören, und schon hast du den Ärger deines Lebens am Hals. Bei allem, was hier schon passiert ist …«

»Toll, Lola. Sehr sympathisch, Witze über Taras Albträume zu machen.«

»Weißt du was, Bisi? An diesem beschissenen Ort bin ich gerne die Unsympathische!«, knurrte Lola, der die Tränen in die Augen stiegen. Ihre Worte erschütterten mich. Was war bloß mit ihr los?

Lola bekreuzigte sich und stiefelte ins Badezimmer.

Ich ließ mich zitternd ins Bett fallen.

»Mach dir nichts aus dieser Bitch«, flüsterte Bisi von oben. Ihre Stimme klang weit entfernt.

Weg waren die Glücksgefühle über Lanres Kuss und die Erleichterung, zurück zu sein.

Ich hatte gedacht, der Olumo würde mir Antworten liefern, aber stattdessen hatte ich umso mehr Fragen. Was meinte Lola mit »allem, was hier schon passiert war«? Warum machten alle immer solche mysteriösen Anspielungen? Das Wort *Abiku* sickerte förmlich in mich hinein, und ich fühlte mich schwach.

Während ich in einen unruhigen Schlaf sank, hallte die Warnung der Hüterin durch meinen Kopf: *Dir fehlt eine Hälfte. Dort, wo sie hingehört, ist es dunkel und wund ... Wenn du dich nicht ergibst, werden es noch mehr.*

Kapitel 25

Schwer atmend lag das Mädchen auf dem verschlammten Boden. Der Geruch von kaltem Schweiß und bitteren Kräutern hing in der Luft. Eine Öllampe flackerte schwach. Draußen heulte eine Eule, Affen kreischten, und ein Buschbaby weinte auf seine fürchterliche Weise, um die Naivsten da draußen in seine Falle zu locken. Es war eine neblige Nacht, der Wind pfiff aus allen Richtungen. Dieser Dunkelheit würde man sich niemals freiwillig aussetzen – zu groß die Angst, einen Geist oder andere zwielichtige Gestalten anzutreffen.

Eine Böe blies das ausgefranste Tuch beiseite, das im Türrahmen klemmte. Eine alte Frau sah sich beunruhigt um, schnürte ihr Gewand fester zu und wappnete sich.

Hinter ihr ragte der Olumo wie ein Riese in die Höhe. Die alte Frau nuschelte wirr vor sich hin, und als sie hineinging, tätschelte sie die Schutzanhänger an ihrer Lederkette. Sie holte tief Luft und betrachtete die Szene vor sich.

Die Öllampe warf den Schatten des Mädchens an die schmutzige Wand, wie ein Geist sah er aus. Das Gesicht des Mädchens war verzerrt, ihre Braids standen in alle Richtungen, und ihr kugelrunder Bauch entstellte ihren schmalen Körper. Sie trug nichts als ein Tuch um die Taille. Um ihren Hals hing eine Kette mit zwei runden Kupferanhängern, einer größer als der andere, und im Licht schimmerten deren seltsame Symbole. Mit ihren dunklen Katzenaugen sah sie die alte Frau herausfordernd an.

Dann hob sie den Kopf, und ihre wunderschönen hohen Wangenknochen und deren filigrane Tätowierungen kamen zur Geltung. Die alte Frau ging mit einem nervösen Zischen auf sie zu und legte ihre erfahrenen Hände auf den straffen Bauch, fuhr mit den Fingerspitzen darüber.

»Ibeji«, sagte sie alarmiert. »Es sind zwei!«

Das finstere Nicken des Mädchens zwischen zwei kurzen Atemzügen überraschte die alte Geburtshelferin.

Mitleidig tätschelte sie den Kopf des Mädchens. Sie war zu jung, höchstens 16. Sie hatte keine Mutter, die den Arm um sie legen oder ihr ermutigende Worte zuflüstern konnte, keine Freundin, die ihre Hand hielt, und keinen Mann, der draußen auf die frohe Kunde wartete.

Das Mädchen schrie auf, rutschte nach vorn und klammerte sich um ihren Bauch, ihr Blick voller Schmerz und Stolz.

»Es ist Zeit«, brummte die alte Frau. Sie wusch sich die Hände mit Wasser aus einem Tontopf, dann kniete sie sich vor die Beine des Mädchens, um das erste Kind in Empfang zu nehmen.

»Oya, pressen«, zischte sie. »Es ist keine gute Nacht, um ein Kind zu kriegen, erst recht nicht zwei.«

Das erste Kind wurde geboren. Es hatte gesunde braune Haut und einen dicken Schopf glänzender, kohleschwarzer Haare. Ein Mädchen mit wohlgeformten Gesichtszügen, ein wunderschönes Kind. Die alte Frau hielt das Kind am Bein und klopfte ihm ein paar Mal auf den Rücken, bis es hustete und einen Schrei von sich gab, schrill und wütend, als wäre es ganz außer sich über die unhöfliche Begrüßung. Die Frau legte das Baby in die Arme seiner Mutter. Sie schien kaum noch bei Bewusstsein zu sein, doch sie hielt das Kind fest in den Armen.

»Oya, pressen! Das andere ist gleich da«, zischte die alte Frau.

Auch das zweite Kind hatte reichlich kohleschwarze Locken. Dann kam sein Gesicht zum Vorschein.

Die alte Frau stöhnte auf, als es ihr in die Hände fiel – noch ein Mädchen, doch dieses mit blasser, weißer Haut. Die Geburtshelferin machte große Augen.

»Was hat das zu bedeuten?«

Schweißperlen flossen ihr übers Gesicht. Sie rief die Götter, dann reichte sie der Mutter hektisch das zweite Kind und kramte zitternd in ihrem Gewand.

Sie zog ein Messer hervor und hielt es entschlossen in die Höhe. Die scharfe Klinge funkelte im Lampenschein, und die Frau holte tief Luft.

Sie bückte sich auf der Suche nach den Nabelschnüren, die die Zwillinge mit ihrer Mutter verbanden und seit neun Monaten nährten. Doch sie fand nur eine.

»Ahn, ahn …«, hauchte sie verblüfft.

Erst dann wurde ihr das Ausmaß des Schreckens bewusst. Die Nabelschnur war wie ein »Y« geformt. Es gab nur eine Schnur für beide Kinder!

Das Messer fiel zu Boden. Die alte Frau wollte das Weite suchen und schrie auf, als sie dabei rückwärts stolperte. In diesem Moment öffneten die Zwillingsschwestern, die eine Schwarz und die andere weiß, langsam die Augen. Zwei grelle, grüne Augenpaare, wie Tau auf Elefantengras, fixierten die Frau.

Sie floh zurück ins Dorf, und der Olumo ließ ihre Schreie bis zum Himmel hallen. Mit einem leisen Summen wog das Mädchen ihre Kinder in den Armen.

Kapitel 26

Als ich die Augen aufschlug, hörte ich das Mädchen noch immer summen. Dann war da noch ein anderes Geräusch – laut, penetrant und nervtötend. Die Schulglocke. Ich drückte mir das Kissen aufs Gesicht, doch der Traum erschien immer wieder vor meinem inneren Auge. Ich sah die klapprige Hütte mit all ihren Details vor mir, das vor Schmerz ächzende Mädchen. Der Geruch von Geburt und Schweiß lag mir in der Nase.

Ich stand auf und machte mein Bett. Wer hätte gedacht, dass ich mal Expertin darin werden würde, im Dunkeln mein Bettlaken glatt zu streichen? Als ich den Bezug in den Rahmen klemmte, rutschten meine Finger zu tief und streiften etwas Scharfes. Ich hob die Matratze an, um danach zu tasten.

Eine Kette mit Anhänger. Der Traum kam mir wieder in Erinnerung. In dem Moment fiel mir noch etwas ein. Ich durchsuchte meinen Spind, bis ich ihn in meiner GU fühlen konnte. Puh, er war noch da. Rund und kühl in meiner Handfläche.

Der Anhänger, den ich am Boden des Felsbrockens gefunden hatte.

Ich eilte ins Bad. Es war still, und ich war froh, allein zu sein. Noch bevor ich das Licht anknipste, wusste ich, was mich erwartete. In einer Hand hielt ich die Kette aus meinem Traum. Sie hatte jedoch nur einen Anhänger, anstelle des kleineren Anhängers hing ein kaputter Verschluss.

Ich öffnete die andere Hand. Der kleine Anhänger von Bisis Geheimversteck passte perfekt zum Verschluss.

Es schüttelte mich so heftig, dass mir die Kette aus der Hand rutschte. Ohne nachzudenken, fing ich sie noch in der Luft auf.

Ich befestigte die Anhänger aneinander, legte mir die Kette um den Hals, und sofort überkam mich eine gewisse Ruhe. Ich lehnte mich an die Badezimmerwand und atmete tief durch.

***

»Hey, was ist heute mit dir los?«

Bisi riss mich aus meinen Gedanken und warf mir einen besorgten Blick zu. »Alles gut?«, flüsterte sie über unsere Tische hinweg.

Ich nickte und gähnte. »Anstrengende Nacht.«

»Die Träume?«

Wieder nickte ich und vergewisserte mich, dass niemand lauschte. Doch kurz vor dem Unterricht quatschten sowieso alle.

»Nach dem Drama von gestern wundert mich das nicht. Sogar ich hatte Albträume«, flüsterte Bisi.

Ich lächelte schwach. Sie versuchte wirklich, mir das Gefühl zu geben, ich sei normal.

»Meine Träume machen keinen Sinn«, flüsterte ich. »Aber die Bilder sind klar, und ich komme darin vor.«

Ich trug die Kette unter meiner Uniform. Immer wieder streifte ich die Stelle auf meiner Bluse.

»Wer hatte letztes Jahr mein Bett?«

»Dein Bett?«

»Ja. Wer war vor mir da?«

»Als ich letztes Jahr hier ankam, stand es leer. Keine Ahnung, was vorher war. Wieso fragst du?«

»Ach, nur so.«

Ich spürte Bisis Blick. »Du hast uns immer noch nicht gesagt, ob du gestern am Olumo was gespürt oder gesehen hast. Du hast dich da oben richtig seltsam aufgeführt. Ich hab mir Sorgen gemacht.«

»Ich …« Meine Gefühle von gestern kamen mir in Erinnerung – die Schwere, als wäre ich durch dicke Luft gestapft. Ich hatte mich kaum wiedererkannt.

Bisi drückte meine Hand, und ich schaute auf. Mr. Bolaji war eingetroffen.

»Eka aro«, begrüßten wir ihn.

Er nickte. Dann sagte er »Odún ìbílèè kan tí mo wò rí« und schrieb den Satz an die Tafel.

Ich musste schlucken.

»Feste, die ich in meinem Dorf gesehen habe«, las ich und erschrak. Wieso konnte ich den Satz übersetzen, wenn ich doch kein Yoruba sprach? Ich wusste nicht, wo ein Wort aufhörte und das nächste begann, doch ich verstand die Bedeutung. Panisch klammerte ich mich an meinen Tisch.

»Feste in deinem Dorf«, flüsterte Bisi.

Ich starrte sie bloß an.

»Keine Angst, er erwartet bestimmt keinen Aufsatz von dir.«

Mr. Bolaji drehte sich um.

»Wer stört meinen Unterricht?«, fragte er auf Yoruba.

»Unsere Oyinbo holt sich Hilfe von ihrer privaten Übersetzerin«, trällerte Lola durch den Raum. Aber das war gerade mein kleinstes Problem. Wieder hatte ich Mr. Bolaji verstanden. Was zum Teufel ging hier vor sich? Mir wurde übel. Ich stand mit einem Ruck auf, sodass mein Bleistift zu Boden fiel, und flüchtete aus dem Klassenzimmer.

»Ist da gerade jemand weggerannt?«, hörte ich Mr. Bolaji fragen.

»Ja, Tara«, sagte Bisi. »Sie ist … ähm … krank. Darf ich nach ihr sehen?«

Ohne die Antwort abzuwarten, eilte ich zur Toilette und erbrach mein Frühstück – Brot und Sardinen-Stew.

Ich krümmte und wandte mich, alles tat weh.

Bisi lehnte am Spiegel über den Waschbecken und drehte

den Wasserhahn für mich auf. Ich wusch mein Gesicht und spülte mir den Mund aus.

Besorgt sah sie mir dabei zu.

Ich schaute mich im Spiegel an.

»Ich glaube, ich bin wirklich ein Abiku«, flüsterte ich.

»Nicht das schon wieder, Tara! Hör auf mit dem Quatsch!«

»Bisi, ich habe gerade alles verstanden, was Mr. Bolaji auf Yoruba gesagt hat. *Bevor* du es übersetzt hast!«

»Wie? Echt jetzt?«

Ich nickte hektisch.

»Vielleicht war's ja ein Zufall.«

»Und Lolas Kommentar habe ich auch verstanden.«

»Dafür muss man kein Yoruba können, das kann man sich auch denken.«

Ich schüttelte den Kopf. »Sag was«, forderte ich sie auf und verschränkte unruhig die Arme.

»Was?«

»Sag einfach was auf Yoruba. Irgendwas!«

Bisi sah mich an. Auch sie schien nervös.

»Ṣe o le sọ fun mi nipa rẹ̀.«

Wie im Unterricht flog mir die Übersetzung einfach zu. Ich kannte nicht jedes Wort, aber irgendwie wusste ich, was der Satz bedeutete.

»Erzähl mir mehr über dich«, übersetzte ich.

Bisi hob eine Braue. »Èdè t'ole ni.«

»Es ist eine schwere Sprache.«

Bisi wurde bleich. »Okay, langsam wird es unheimlich.« Als sie mein besorgtes Gesicht sah, hob sie die Hände. »Es gibt bestimmt eine logische Erklärung. Vielleicht hat deine leibliche Mutter ja Yoruba mit dir gesprochen, als du klein warst?«

»Ich wurde mit zwei Jahren adoptiert«, entgegnete ich.

»Oh.«

»Außerdem war sie Britin. Ich glaube nicht, dass sie Yoruba konnte.«

Bisi suchte nach weiteren Erklärungen, aber ich schüttelte den Kopf. »Ich bin ein Abiku! Warum sollte ich sonst Yoruba können? In mir steckt ein Geist oder irgendeine andere uralte Seele.« Ich fasste mir an den Bauch, der sich höllisch zusammenzog.

»Vielleicht bist du einfach sprachbegabt?«

»In England war ich eine Niete in Französisch und Deutsch.«

»Vielleicht zeigt sich dein Talent ja erst jetzt?«

Ich warf ihr einen Blick zu.

»Du hast mir immer noch nicht erzählt, was letzte Nacht passiert ist. Hast du etwas gesehen, was all das erklären könnte?«

Ich dachte an die Worte der Hüterin, und ein Schauer lief mir über den Rücken: *Wenn du dich nicht ergibst, werden es noch mehr.*

Ich schüttelte mich. »Ich habe die Iya Olumo getroffen.«

Bisi hob eine Braue.

»Sie wusste über mich Bescheid … als wäre sie eine Hellseherin oder so.«

Bisi nickte. »Sie ist weise. Die Leute fragen sie oft nach Prophe–« Bisi verstummte.

»Was?«

Sie sah mich mit aufgerissenen Augen an.

»Bist du sicher, dass sie es war? Wie konntest du überhaupt mit ihr sprechen? Wie hast du sie verstanden?«

»Warum, was meinst du?«

Bisi senkte die Stimme. »Ich habe sie einmal im Fernsehen gesehen. Sie spricht kein Englisch.«

Der Wasserhahn tropfte ununterbrochen. *Tropf, tropf, tropf.* Ich drehte ihn zu, aber die Stille, die daraufhin den Raum erfüllte, war noch unerträglicher.

Kapitel 27

Der Computer in der Bibliothek war fürchterlich langsam. Meine Finger zuckten. Am liebsten hätte ich den Bildschirm eingeschlagen. Ich tippte ungeduldig auf die Enter-Taste und scrollte zitternd durch die Suchergebnisse. Bisi saß schweigend neben mir. Beim Mittagessen hatten wir nicht viel geredet. Ich war froh, sie bei mir zu haben, aber ich hatte Angst, sie im Laufe dieser durchgeknallten Entdeckungsreise zu verlieren.

Ein böser Geist, der Unheil über seine Familie bringt. Wörtliche Übersetzung von Abiku: »zum Sterben verdammt«. Abiku sterben willentlich jung, in der Regel spätestens bis zur Pubertät. Daraufhin kehren sie zu ihren Familien zurück und führen den Teufelskreis der Trauer fort.

Ich schüttelte den Kopf. Nein, das würde ich nie tun! Ich liebte meine Eltern! Ich würde sie nie absichtlich verletzen.

Aber wie konnte ich mir da so sicher sein? Wusste ich überhaupt noch, wer ich war? Jedes Mal, wenn ich in mich hineinhorchte, fand ich dort nichts als eine dunkle, Furcht einflößende Leere.

Die Worte der Hüterin kamen mir wieder. *Dir fehlt eine Hälfte. Dort, wo sie hingehört, ist es dunkel und wund.* Ich schüttelte mich.

Die Worte erschienen vor meinem inneren Auge. *Zum Sterben verdammt, bösartige Seele, Kind aus der Geisterwelt.*

Ich sprang auf, sodass mein Stuhl gegen den Tisch hinter mir knallte. Ich konnte einfach nicht mehr.

* * *

»Ich soll dich von Maxine grüßen«, sagte Mum strahlend. »Wir haben sie neulich gesehen. Sie hat sich die Haare gefärbt, die sind jetzt knallrot.«

»Oh ... wow.« Ich klang in etwa so übersprudelnd wie abgestandene Cola. Ich musste mich zusammenreißen. »Grüße zurück.«

Dieses Gespräch war anstrengend. Alles war anstrengend.

Dad und Mum schienen entspannter als letztes Mal. Ich konnte sie diesmal zwar nicht sehen, aber ich spürte es. Dann war es kurz still. Ich hielt die Uhr an der Wand fest im Blick.

»Und Dad hat gute Neuigkeiten«, sagte Mum.

»Ah, ja. Ich habe ein großes Projekt an Land gezogen«, sagte Dad.

»Das ist ja super, Dad, echt ... ganz toll!«

»Danke.«

Noch eine Pause. »Und was ist mit dir, Liebes? Wie geht es dir?«

»Ach, alles okay, ich meine, super. Alles ist gut.«

Keine Antwort. Sie warteten wohl auf weitere Infos. Ich musste mich mehr ins Zeug legen.

»Es ist echt cool hier. Ich lerne Yoruba. Ich werde immer besser.«

»Wie großartig«, sagte Mum. »Wie ist das Essen? Deinem Vater war es ja zu würzig.«

»Oh, das Essen ist gut. Bis jetzt hat mir fast alles geschmeckt, sogar die Gemüseeintöpfe. Das Einzige, was ich nicht mochte, war so ein dunkles Porridge mit eingelegtem Mais. Das war so übel, ich konnte nicht mal so tun, als würde ich das essen.«

Mum und Dad lachten.

»Sind deine Mitschüler nett zu dir?« Mum klang besorgt.

Ich dachte an die Begegnung mit Lola gestern Abend. »Ja, alle sind nett, ich habe schon zwei gute Freunde.«

»Ach, das ist ja schön, Tara«, sagte Mum. »Ich bin so erleichtert, dass alles gut läuft. Ich hatte mir solche Sorgen gemacht.« Mums Stimme bebte.

Abiku bringen Unheil über ihre Familien.

Tat ich das etwa?

Abiku sind oft krank, benommen oder haben Erscheinungen.

»Mum, Dad, war ich als Kind oft krank? Hatte ich Albträume?«

»Ähm … nein, du warst eigentlich nie krank. Die Albträume haben erst jetzt angefangen, soweit wir wissen. Wenn du dich an keine Albträume in der Kindheit erinnern kannst, dann hattest du wahrscheinlich auch keine«, sagte Mum. »Liegt dir sonst noch was auf dem Herzen?«

Meine Kehle schnürte sich zu. »Ich meine, ich … Nein, das ist alles.«

»Hat sich das mit den Albträumen nicht verbessert?«, fragte Dad.

»Doch, schon. Alles ist gut.« Ich musste überzeugender klingen. Das Letzte, was ich wollte, war, dass sie mich hier abholten.

»Ist da drüben wirklich alles in Ordnung?«

Nichts war in Ordnung. Ich ertrank in meiner Hoffnungslosigkeit, erstickte daran.

»Ich muss los. Jede kriegt nur zehn Minuten, und meine sind vorbei.«

»Oh Schatz.« Mum klang, als wäre sie schon wieder den Tränen nahe.

Ich sprang vom Sofa und ging zum Fenster, zwirbelte meine Kette. Mir blieb die Luft weg. Ich musste hier raus.

»Du machst uns unglaublich stolz, Tara«, rief Dad in die Leitung. Er klang weit entfernt.

»Ja«, pflichtete Mum ihm bei. »Ich meine, schau dich an: Du bist ganz alleine in Afrika und meisterst es wie eine Erwachsene.«

Ich verdrehte die Augen. »Ich bin nicht alleine in Afrika«, platzte es aus mir raus. Warum war ich so wütend?

Es klopfte, die Tür wurde aufgerissen, und ich sah die Schlange im Flur.

Dem vordersten Mädchen warf ich einen giftigen Blick zu.

»Ich bin auf einem Internat in Nigeria mit Hunderten von Mitschülerinnen, und wir haben nie auch nur eine Minute für uns.«

Mum und Dad schmunzelten. »Na bitte, da hast du dein Internatsleben!«, sagte Dad.

»Tschüss«, rief ich und drängte mich an der Schlange vorbei nach draußen.

* * *

Bisi war alleine im Zimmer und bügelte auf ihrem Bett. Vor dem Telefonzimmer hatte sie sich nicht angestellt.

»Du kannst gerne zu mir runterkommen. Bei mir lässt es sich besser bügeln.«

Sie zuckte mit den Schultern.

»Wo sind alle?«

Wieder zuckte sie mit den Schultern. »Es ist Samstag. Jeder hängt irgendwo ab. In der Telefonschlange oder was weiß ich.«

»Wollen wir was unternehmen?«

»Ja«, sagte Bisi. »Ablenkung könnte ich gut gebrauchen.« Sie zog den Stecker.

Draußen wurde gerannt und gekichert.

»Perfekt!«, rief Bisi. »Da haben wir unser Nachmittagsprogramm!« Sie zog mich in Richtung Funmi 18, wo der Lärm herkam. Ich war mir nicht sicher, ob ich darauf gerade Lust hatte, aber ich ließ mich mitreißen. Das Zimmer war so voll, wir passten kaum noch rein. Aus illegaler Quelle liefen heiße Afrobeats. Mädchen saßen auf den Hochbetten wie die Hühner auf der Stange. Auch unten tummelten sie sich. In der Mitte des Zimmers lief gerade ein Tanzbattle ab. Zwei Mädchen ließen die Hüften kreisen und schüttelten den Hintern. Danach machten sie unter Johlen und Pfiffen Platz für die nächsten beiden, die ihre Moves auspackten, angefeuert von einer weiteren Welle Gekreische. Die Luft war heiß vor Aufregung, und der Bass ließ die Möbel vibrieren. Ich ließ mich darauf ein und jubelte mit. Die Mädchen waren der Wahnsinn. Jede, die wollte, durfte in die Mitte. Manche wurden reingeschubst und improvisierten.

»Los, Tola«, rief Bisi. Chidinma sprang in den Kreis. Als Erstes präsentierte sie einen langsamen Move, der nicht einmal zum Beat passte. Aber so heiß und anzüglich, wie sie ihren Körper berührte, mussten alle laut kichern, manche ließen sich sogar rückwärts ins Bett fallen. Dann fiel ihr Blick auf mich, und sie grinste. »Tara, Bisi, oya oh! Ihr seid dran.«

»Abeg, ich kann doch nicht tanzen!«, rief Bisi lachend und schüttelte den Kopf.

»Und unsere gelbe Papaya aus London mit ihrer Stockhüfte bestimmt auch nicht!«

Lolas Kommentar kam von oben runtergeschossen und erwischte mich kalt.

»Spar dir das Gelaber, Lola«, fauchte Bisi.

»Ahn, ahn, Lola, warum machst du immer Stress?«, rief Chidinma.

Bisi packte mich am Arm. »Komm, wir gehen«, zischte sie.

Doch auf einmal wurde mir heiß. Angefacht von der Stimmung und meiner brodelnden Wut, zog ich Bisi in die Menge, die uns jubelnd Platz machte. Ich stemmte die Hände in die Hüften, musterte Lola von oben bis unten, so wie Bisi es immer tat, und warf ihr einen giftigen Blick zu. Dann zischte ich kräftig durch meine geschürzten Lippen, wie ich es schon so oft bei den anderen Mädchen gesehen hatte. Die Menge rastete aus, und ihre Schlachtrufe gaben mir den letzten Energieschub. Ich war elektrisiert, und die Tanzfläche gehörte mir.

Ich gab alles.

Meine Glieder kribbelten, und ich ließ mich von ihnen leiten. Ich wackelte mit dem Hintern, warf meinen Kopf und meine Arme in alle möglichen Richtungen, bis ich außer Atem war. Mein Gesicht war angespannt vor Konzentration, ich biss mir auf die Unterlippe und neigte den Kopf nach hinten, um mich selbst twerken zu sehen.

Neben mir machte Bisi große Augen. Wieder brachen die Mädels in Geschrei aus. »Go, Tara, go, Tara, go, Tara.« Bisis Staunen wich einem Grinsen. Ich trat aus dem Kreis und warf

Lola einen spöttischen Blick zu. Doch sie schien nicht beleidigt, sondern schockiert. Sie starrte auf meinen Hals.

»Du hast es ihr gezeigt! So sieht's aus! Na you hot pass!« Bisi gab mir ein High Five.

Ich lachte, doch als wir den Raum verließen, fasste ich mir an den Hals und verstand, was Lola so angefixt hatte. Beim Tanzen war die Kette rausgerutscht, und Lola hatte sie wiedererkannt.

Kapitel 28

»Wo zum Teufel hast du die Kette her?«

Lola rammte mich gegen die Badezimmerwand. Ich war so aus der Fassung, dass ich nicht antworten konnte.

Als sie mich am Kragen fasste, klatschte ich ihre Hand dermaßen heftig weg, dass selbst ich bei dem Geräusch zusammenzuckte. Lola trat einen Schritt zurück und umfasste ihre schmerzende Hand, in ihren Augen loderte die Wut.

»Keine Ahnung, wovon du sprichst« So eiskalt kannte ich mich gar nicht.

»Ich habe sie gesehen, als du rumgehüpft bist. Verarsch mich nicht«, zischte sie. »Gib schon her!«

»Was zum …« Ich ging einen Schritt auf sie zu, ballte die Fäuste, hielt mich dann aber zurück. Was war los mit mir? Ich betrachtete Lola. Was wusste sie über die Kette? Warum störte es sie so, dass ich sie trug? Gehörte sie ihr?

Mein Herz wurde schwer. Niemals überließ ich sie ihr.

»Wem gehört sie?«, fragte ich.

Lola presste die Lippen zusammen und antwortete zunächst nicht. Dann machte sie ein langes Gesicht und holte Luft.

»Omi!«

»Wer ist Omi?«

»Sie hatte dein Bett vor dir.«

»Hat sie die Schule verlassen?«

»Ja.«

»Und weiter?«

»Nichts weiter!«

»Was hast du dann dagegen, dass ich die Kette trage?«

»Ich habe nichts dagegen … Sie gehört dir nur nicht.«

»Tja, dir auch nicht.« Ich bewegte mich in Richtung Tür. »Wo ist sie heute? Ich kann mich bei ihr melden. Wenn sie sie zurückhaben will, kann ich …«

Den Rest des Satzes brachte ich nicht über die Lippen.

Lola schüttelte wütend den Kopf, da platzten zwei Mädchen ins Badezimmer. Sie erschrak und wirkte beschämt, als hätte man sie bei etwas Verbotenem erwischt, dann machte sie sich aus dem Staub.

Ich betrachtete mich im Spiegel. Ich war knallrot und erkannte mich gar nicht wieder. Ich strich über die Kette unter meinem Kleid, dann wusch ich mir das Gesicht.

»Hey, geile Moves heute, Girl!« Chidinma wusch sich grinsend die Hände.

Ich lächelte. »Danke. Mir war gar nicht bewusst, dass ich was draufhabe. Du hast mich inspiriert.«

Sie lachte.

»Chidinma, weißt du, wer vor mir mein Bett hatte?«

»Oh, das war Omi.«

»Und wie war sie so drauf? Bisher hat sie niemand erwähnt.«

»Sie war eigenartig. Meistens saß sie schmollend da und hat nie geredet. Ich glaube nicht, dass sie Freunde hatte. Warum fragst du?«

»Ach, nur so. Warum ist sie gegangen?«

»Hmm, ich weiß nicht. Jetzt, wo ich drüber nachdenke, weiß es niemand, glaube ich. Von einem Tag auf den anderen hat sie ihre Sachen gepackt und ist verschwunden. Mrs. Abimbola hat gesagt, sie musste nach Hause zu ihrer Familie, aber es ging ein Gerücht rum, sie wäre wegen schlechtem Benehmen rausgeflogen.«

»Oh, seltsam, oder?«, sagte ich und fasste mir ans Schlüsselbein.

»Was meinst du?«

»Na ja, dass niemand den Grund kennt. Dass sie keine Freunde hatte.«

»Ja, aber sie war halt ruhig. Wenn sie mal da war, ist es kaum aufgefallen, und wenn sie weg war, genauso wenig. Sie hat Menschen gemieden und ist oft verschwunden. Irgendwie hat sie nie so richtig reingepasst.«

Kapitel 29

Ich löste gerade meine Braids, als ich es zum ersten Mal hörte. Im selben Moment fiel der Strom aus, und meine Mitbewohnerinnen kramten nach ihren Taschenlampen, deshalb dachte ich erst, ich hätte es mir eingebildet. Der Deckenventilator kam mit einem Quietschen zum Halt, und sofort brach ich in Schweiß aus. Es war schon der zweite Stromausfall an diesem Tag – daran musste ich mich noch gewöhnen. Ich seufzte und fächerte mir mit einem Buch Luft zu.

Dann war es da wieder – ein tiefes, langes Heulen, das bis in meine Eingeweide drang. Ich setzte mich auf. Niemand außer mir schien es gehört zu haben. Rosemary hatte eine Gaslampe aufgestellt und half Lola dabei, ihre Cornrows zu lösen. Sie quasselte einfach weiter, als wäre nichts gewesen. Bisi war immer noch auf Toilette, und Chidinma und Halima schliefen schon.

Ich sah Lola an. Sie entfernte gedankenverloren den Nagellack von ihren Zehnnägeln. Den ganzen Abend hatte sie mir seltsame Blicke zugeworfen. Ich fühlte mich in ihrer Gegenwart unwohler denn je.

Ich spähte durch das Mückennetz am Fenster. Nichts. Nur graue Büsche. Ich griff fest um das Gitter und schüttelte mich. Sind wir wirklich nachts durchs Badezimmerfenster geklettert, um uns zum Olumo zu schleichen? Die Vorstellung kam mir absurd vor, wie eine verschwommene Erinnerung. Seit Wochen waren meine Gedanken ein einziges Chaos. Ich konnte kaum noch zwischen Wirklichkeit und Traum unterscheiden. Ständig war ich übermüdet von diesen Nächten. Die Albträume raubten mir den Schlaf und fanden ihren Weg in meinen Alltag.

Die Zehn-Uhr-Glocke ertönte, und ich ließ das Fenster los. Zeit, das Licht auszumachen.

Rosemary drehte die Gaslampe ab, und Lola stieg ins Bett.

Bisi schlich nuschelnd ins Zimmer. »War ja klar, dass ich meine Taschenlampe vergesse und im Dunkeln duschen muss. Gute Nacht.«

»Gute Nacht«, antwortete ich, als sie in ihr Bett kletterte.

Rosemary und Lola flüsterten und kicherten immer noch, wie sie es oft zur Schlafenszeit taten. Da hörte ich es wieder. Ein langes, haarsträubendes Heulen peitschte durch die Luft. Ich griff nach meiner Decke, über mir knarrte Bisis Lattenrost.

»Was war das?«

»Ich habe es vorhin schon gehört, aber ich dachte, ich bilde es mir ein«, sagte ich.

Ein Schnauben ertönte von Lolas Seite. »Wir sind auf einem

Internat«, sagte sie. »Da hört man nun mal nachts Geräusche. Rosemary, hast du was gehört?«

»Nee«, antwortete Rosemary. »Was habt ihr denn gehört?«

»Es klang wie ein Wimmern oder so«, sagte Bisi.

»Vielleicht ist ja der Geist von Olumo Haven zurück. Ist schon 'ne Weile her«, lachte Lola.

»Nein! Bitte sag so was nicht«, entgegnete Rosemary.

»Oder vielleicht ist es diesmal ja Madam Koi Koi. Ein Wunder, dass sie uns nicht vorher schon heimgesucht hat.«

»Wer ist Madam Koi Koi?« Ich bereute meine Frage sofort.

»Wer erklärt es London?«, spottete Lola.

Bisi seufzte. »Ach, es gibt da diese bescheuerte Geschichte über eine Geisterfrau, die nur mit einem High Heel rumrennt, und der hat eine rote Sohle. Sie sucht nach dem anderen, und wenn sie in der Nähe ist, hört man ihren Absatz klackern – *koi, koi, koi.*«

»Aber was hat das mit uns zu tun?«

»Sie hat wohl mal hier unterrichtet. Eine elegante Lehrerin, aber streng. Sie soll ihre Schüler ausgepeitscht haben, einfach zum Spaß. Also haben sich die Schüler eines Tages zusammengetan ...«

»Und dann?«

»Dann haben sie sie totgepeitscht«, beendete Lola die Geschichte. »Man konnte sie nur noch an ihrem roten High Heel identifizieren. Jetzt spukt sie in Internaten herum und sucht nach ihrem verlorenen Schuh ... *koi ... koi ... koi.*«

Eine bedrückende Stille machte sich breit. Halima schaltete ihre Taschenlampe an. »Was ist los?«, fragte sie müde.

»Wir erzählen uns Gruselgeschichten«, antwortete Lola.

»Wie wär's mit der von der Internatsschülerin, die sich nachts den Kopf abnimmt und auf den Schoß legt, um sich die Haare zu weaven?«, flüsterte Rosemary.

»Die ist gut«, sagte Lola, und selbst im Dunkeln erkannte ich ihr schelmisches Grinsen. »Wäre es nicht so viel einfacher, wenn wir uns den Kopf abnehmen könnten? Dann müssten wir die Arme nicht stundenlang zum Weaven heben.« Sie zog sich die Decke über den Kopf, schob ihr Kissen zu einem Ball zusammen und tat so, als würde sie Haare flechten. In dem schwachen Licht sah sie gespenstisch aus. Halima kicherte nervös, doch ihr Kichern verging ihr bei dem wehleidigen Heulen, das leise zu uns ins Zimmer drang.

»Oh nein! Es ist wirklich der Geist von Olumo Haven«, rief Rosemary. »Er ist zurück!«

»Wie jetzt, zurück?«, fragte ich.

»Letztes Jahr haben wir das Geräusch fast jede Nacht gehört«, sagte Halima. Sie klang den Tränen nahe.

Ein Zischen ertönte aus Lolas Richtung. »Und jetzt drehen alle wieder durch. Mrs. Abimbola führt wieder Extra-Gottesdienste gegen böse Geister ein und die ganze Mittelstufe lässt sich von den Eltern abholen.« Lola gähnte theatralisch.

»Na ja, es klingt schon unheimlich. Was um alles in der Welt war das?«, fragte Bisi leise.

»Jemand sollte das Fenster zumachen«, zischte Halima.

»Mach's doch selbst, du bist direkt daneben«, fauchte Lola.

»Chidinma ist näher dran«, erwiderte Halima weinerlich.

»Chidinma schläft«, warf Rosemary ein.

»Chidinma!«, rief Halima. »Mach das Fenster zu!«

Keine Antwort.

Plötzlich ertönte ein lautes, fürchterliches Heulen von Lolas Bett.

Überall Gekreische.

Lola lachte.

»Ihr seid so albern«, sagte Bisi. Dann stieg sie die Leiter runter und schloss das Fenster. Die anderen lachten, aber ich konnte nicht. Ich lag stocksteif da, das grausame Heulen noch immer in den Ohren.

Kapitel 30

Die Trommeln waren laut, aber es war der schrille, rhythmische Metallgong, der einem regelrecht die Ohren zerriss. Eine Traube von Menschen versammelte sich vor einer Höhle. Über ihnen ragte eine riesige Felsplatte.

Eine junge Frau kniete auf dem Boden. Ihr waren mit Stofffetzen die Hände und Füße gefesselt, sodass ihre Knöchel lila anliefen. Sie trug eine indigofarbene Tunika und eine Kette mit zwei Anhängern. Ein Mann mit spitzem Hut und dichtem Bart stand vor ihr. Seine weiten Hosen waren mit einer Schnur an der Taille fixiert, ansonsten trug er nichts. Schweiß perlte auf seiner Brust und seinem Bauch. Er trug ein Messer bei sich, und mit jeder Bewegung seines Arms kamen seine prallen Muskeln zum Vorschein. Die Frau hatte entsetzliche Angst, ihre Augen waren rot und geschwollen. Schweiß floss über die Tätowierungen auf ihren Wangen. Sie schüttelte unaufhörlich den Kopf, brachte jedoch kein einziges Wort heraus.

Der Gong und die Trommeln verstummten, als eine Gruppe Frauen erschien. Sie sangen und klatschten und hatten zwei etwa zwölf Jahre alte Mädchen dabei, die weiße Kleider trugen und von oben bis unten mit weißen Kreidepunkten übersät waren. Sie hatten lange Locken, schwarz wie die Nacht. In der grellen Sonne strahlten diese förmlich und wandten sich über ihre Schultern wie Schlangen. Doch das war nicht das Auffälligste. Trotz ihrer identischen Gesichtszüge sahen sie aus wie Tag und Nacht. Eine war blass, die andere tiefbraun. In der heißen Nachmittagssonne funkelten in diesen so gleichen Gesichtern Augen, die grüner waren als geschliffener Edelstein.

Sie gingen erhobenen Hauptes voran.

Passend zum Lied der Frauen erklang auch bei Windstille das Rascheln der Pansekebäume, das *seke-seke*. Die Frauen brachten die Mädchen nach vorn, dann verschwanden sie leise in der Menge und warteten.

Die gefesselte Frau versuchte, eine der Zwillingsschwestern zu fassen zu bekommen, doch der Mann riss ihre Hand weg. In diesem Moment erschien eine alte Frau direkt vor dem Höhleneingang. So verschrumpelt und buckelig war sie, dass sie nicht einmal in die Knie gehen musste, um die Höhle zu betreten. Ihre Haare waren weiß wie Schnee, ihre Hände überzogen von dicken Adern, die Haut rau wie eine Wiese in der Trockenzeit. Sie senkte den Blick, dann sah sie zur Menge und schließlich zu den Zwillingen.

Der Mann mit dem Messer setzte zum Sprechen an, doch die alte Frau hob die Hand. Alles verstummte.

Die Frau bückte sich unter Schmerzen, man hörte ihre Knochen fast knarzen. Mit Kreide malte sie einen Kreis auf den Boden, dann einen anderen, der sich mit dem ersten überlappte.

Wie eine Klaue streckte sie die Hand empor. »Bringt mir ihre Haare!«

»Nein! Rührt sie nicht an!«, wimmerte die Mutter, doch der Mann stieß sie beiseite. Sie fiel zu Boden, mit dem Wangenknochen voraus.

Die Mädchen weinten und hielten sich zitternd aneinander fest, während der Mann auf sie zukam.

»Haare ab, Haare ab!«, riefen die Frauen. Die Trommeln und der schrille Metallgong stimmten ein.

Der Mann packte die Zwillinge an den Haaren und wickelte sie sich um den Arm. Dann setzte er sein Messer an, und einen Augenblick später hielt er die Locken in die Höhe wie einen Kelch zappelnder Schlangen.

Die alte Hüterin wies ihn an, das Bündel in die Kreise zu werfen, die sie gemalt hatte.

Sie raunte leise und setzte sich. Ihre Finger kreisten über dem Haar, und ihre Augen waren so weit nach oben gerichtet, dass man nur noch weiß sah. Sie schwankte und wankte, murmelte unverständliches Zeug.

Die Zwillingsschwestern kauerten sich zusammen wie geschorene Lämmer vor der Schlachtung. Ihre Mutter lag vor ihnen in einer Blutlache, doch sie weinte nicht mehr. Sie rappelte sich fluchend auf, ihr Blick fixiert auf die Kreise, ihr Körper wankte wie in einer Trance. Die Schlachtrufe wurden lauter, und auch die Hüterin schrie inzwischen fast, dann sah sie unmissverständlich zu den Zwillingen. »Tötet sie!«

Das Getrommel geriet außer Kontrolle, und der Mann wandte sich den Zwillingen zu. Seine Muskeln spannten sich an, als er das Messer zückte. Die Mutter wandte sich hin und her, ihre Miene war so hasserfüllt, dass den Zuschauern der Atem stockte. Ihre pechschwarzen Pupillen weiteten sich.

Der Mann zerrte eines der Mädchen am Schopf, sodass ihr Hals zum Vorschein kam. Als er das Messer ansetzte, ertönte ein Knurren in der Menge. Ein Leopard sprang auf den Felsen, landete leise und elegant auf den Vorderpfoten. Er hob den Kopf und gab ein inbrünstiges Brüllen von sich. Dann hob er die Pranken, bereit zum Angriff. Er fixierte den bärtigen Mann mit seinen wilden grünen Augen. Kaum war er auf dessen Brust gelandet, hatte dieser schon das Messer losgelassen und das Kind ebenso.

Die Leute gerieten in Panik, stolperten und flüchteten in alle Richtungen.

Die alte Hüterin zog sich wie ein Schatten in die Höhle zurück, die Augen voller Angst. Die Mutter und die Zwillinge waren verschwunden. Nur noch ihre Fesseln lagen da und ein Büschel schwarzer Haare.

Kapitel 31

Ich wachte benommen auf und fühlte mich, als hätte ich die Nacht in einem anderen Universum verbracht. Einer anderen Zeit. Die Erinnerung an grüne Augen und dicke, schwarze Schlangen, an gepunktetes Fell jagten mir einen Schauer über den Rücken.

Ich stemmte die Füße auf den Boden und versuchte, zurück in die Realität zu finden, als ein Schrei die sonntägliche Stille durchbrach. Für einen Augenblick war es still, dann ging das Geschrei weiter. Alle zogen die Decken zurück. Das Schlurfen und Flüstern auf dem Flur machte mich nervös.

»Was ist los?«, krächzte Halima. Aber die anderen eilten bereits nach draußen.

Das Geschrei kam aus Funmi 5.

»Meine Haare! Meine Haare!«, wimmerte jemand, als ich mir den Weg durch die schlaftrunkenen Mädchen in Nachthemden bahnte.

»Was ist das für ein Lärm?«, ertönte Mrs. Abimbolas Stimme. »Kinder, es ist zu früh für solchen Trubel!«

Sie drängte sich an mir vorbei, und ich eilte ihr hinterher.

Ein Mädchen hockte in der Mitte ihres Zimmers und fasste sich an den Kopf. Es war Salewa. Sie schluchzte, dass ihre Schultern zitterten, und zwei Mädchen stützten sie. Ich kannte sie, weil ihre wunderschönen, glänzend dicken Haare einfach unübersehbar waren. Sogar geflochten reichten sie ihr bis über die Schultern. Jemand hatte mal gesagt, sie bilde sich viel zu viel auf diese Haare ein.

Jetzt waren da nur noch ein paar abstehende Strähnen.

»Um Gottes willen, was ist mit dir passiert?«, fragte Mrs. Abimbola.

»Ich weiß nicht«, erwiderte Salewa, die inzwischen Rotz und Wasser heulte. »Ich bin einfach so aufgewacht, und Isi und Tokunbo haben geschrien, als sie mich gesehen haben.«

»Welcher Teufel war hier am Werk?«, fragte Mrs. Abimbola und sah sich um. »Wer auch immer es war, wird nicht damit davonkommen!«

»Was für ein Zufall!«, ertönte Lolas Stimme an der Tür. »In Funmi 14 hat jemand die ganze Nacht lang ›Haare ab!‹ geschrien. Wir konnten wie immer nicht schlafen.«

Rosemary tauchte neben ihr auf und nickte.

Meine Knie wurden weich.

»Wie bitte?«, rief Mrs. Abimbola. »Was meinst du, Lola? Raus mit der Sprache!«

»Chidinma hat gestern Nacht Rosemary aufgeweckt, da bin ich auch aufgewacht.« Lola zeigte auf Rosemary.

»Chidinma! Holt Chidinma, und zwar sofort!«, rief Mrs. Abimbola. »Alle raus hier, außer die Mädchen aus Funmi 5 und Funmi 14. Die anderen bereiten sich auf das Sonntagsgebet vor.«

Ich blickte zu Lola, aber die wiederum sah Salewa an und schüttelte traurig den Kopf.

Chidinma steckte den Kopf ins Zimmer. »Ja, Ma?«, nuschelte sie. »Sie haben mich gerufen.« Dann sah sie Salewa und machte große Augen.

»Was habe ich da gehört von wegen Haare abschneiden? Was hast du gestern Nacht mitbekommen?«

Chidinma trat einen Schritt zurück. Sie schaute sich nervös um, bis ihr Blick schließlich auf mir landete. Sie hob eine Braue, schien erst überrascht, dann ängstlich. Dann betrachtete sie die karge Wüste auf Salewas Kopf. »Tara hat im Schlaf geredet. Das macht sie oft.« Sie sah mich entschuldigend an. Ich wusste nicht, was ich denken sollte. Wie alle anderen wartete ich bloß darauf, zu hören, was ich getan hatte.

»Sie hat ständig ›Haare ab!‹ gerufen« Chidinma flüsterte fast.

»Lauter, Mädchen«, befahl Mrs. Abimbola. »Was hat sie gesagt?«

»Haare ab.«

»Haare ab?«, wiederholte Mrs. Abimbola. »Warum solltest du so etwas rufen, Tara?«

Die Szene aus meinem Traum kam mir in Erinnerung. Das Trommeln, die Zwillinge und ihre Mutter, der bärtige Mann mit dem Messer und die alte Frau, die »Haare ab« rief.

Ich schüttelte mich. »Ich … ich weiß nicht, Ma.«

»Was soll das heißen, du weißt es nicht? Du solltest es doch wissen, wenn du es warst. Warum hast du das gemacht?«

»Ich schätze, ich hatte einen … einen Albtraum.«

»Sie hat ständig Albträume«, zischte Lola. »Wir hatten nicht eine ruhige Nacht, seit sie hier ist. Immer schreit sie rum und schlafwandelt wie ein Abiku, das nach seinem Iyi-uwa sucht, oder was auch immer die machen.«

»Der Geist von Olumo Haven ist zurück, Ma. Wir haben ihn gestern Na—«, begann Rosemary, doch Mrs. Abimbola brachte sie mit einem kalten Blick zum Schweigen.

Die Mädchen von Funmi 5 waren entsetzt und flüsterten untereinander. Salewa sah mich mit aufgedunsenen Augen an, als wäre ich ein Dämon aus der Unterwelt. Als wäre ich der Geist von Olumo Haven höchstpersönlich. Ich wollte im Boden versinken. Konnte das wirklich ich gewesen sein?

»Hör auf, Lügen zu verbreiten, Lola«, fauchte Bisi. Sie drängte sich durch den rappelvollen Flur, ihre Zahnbürste noch tropfend nass. »Du bist schon seit ihrer Ankunft neidisch auf Tara. Mrs. Abimbola, bitte glauben Sie Lola nicht.«

Chidinma sah Bisi kopfschüttelnd an.

»Lola hat recht. Sie hat gestern ›Haare ab‹ gerufen. Ich wollte sie beruhigen, aber sie ist nicht aufgewacht. Ständig hat sie bloß immer wieder in diesem merkwürdigen Ton ›Haare ab‹ gerufen. Wie ein …« Sie sah mich verunsichert an. »Ich musste mir die Ohren zuhalten. Es war echt unheimlich.«

»So was würde Tara nie tun«, rief Bisi und zeigte auf Salewas Kopf. »Sag's ihnen, Tara!«

Ich kam mir vor wie in einer Trance. Als hätte ich Blei in den Gliedern, kein Knochenmark. Vielleicht war ich wirklich ein Abiku? Der böse Geist in mir hatte überhandgenommen, ließ mich albträumen und Dinge tun, die ich nicht wollte.

»Es tut mir leid«, sagte ich. »Ich … manchmal schlafwandle ich … und … ich weiß auch nicht, was ich dann anstelle.«

Quietschend brach Salewa in Tränen aus.

»Wie widerlich kann man sein«, sagte Lola.

»Nein.« Bisi schüttelte den Kopf. »Hör auf, Tara.«

Mrs. Abimbola, die dem ganzen schweigend gelauscht hatte, hob die Hände.

Meine Augen brannten, und Tränen kullerten mir bis an die Nasenspitze.

»Wohin hast du die Haare gebracht?«, fragte Mrs. Abimbola.

»Durchsuchen wir ihre Sachen. Vielleicht will sie die Haare ja für einen bösen Juju-Zauber benutzen«, sagte jemand. »Wir müssen uns Salewas Haare zurückholen, bevor es zu spät ist.«

Die Mädchen stürmten aus dem Zimmer.

Chidinma sah mich deprimiert an und ließ die Schultern hängen.

Mrs. Abimbola winkte mich zu sich. »Oya, Tara, mitkommen. Es ist Zeit für ein ernstes Gespräch. Salewa, Liebes, geh warm duschen und komm danach in mein Büro.«

»Wir haben sie gefunden, wir haben Salewas Haare!«, riefen die Mädchen aufgeregt, und mein Magen zog sich zusammen.

»Sie waren in einer Plastiktüte unter Taras Bett, zusammen mit der Schere!«

Bisi drückte meine Hand. »Tara!«, flüsterte sie.

Ich zog meine Hand zurück. Sie riss schockiert die Augen auf. Sie merkte wohl, dass ich kapitulierte.

Dass ich es akzeptierte.

Kapitel 32

H*och ... ansetzen ... schwingen ... zack ...*

Meine Finger brannten wie Feuer. Jedes Mal, wenn ich den Arm hob, um die Machete durch das hohe Gras zu schwingen, zuckte ich zusammen. Schon von Anfang an hatte ich Blasen an den Händen, und mit jedem zittrigen Hieb rissen sie wieder auf.

Ein paar Mädchen gingen vorbei, aber diesmal war es mir egal. Am Anfang war ich vor Scham noch im Boden versunken, wenn mich jemand bei meiner Strafarbeit sah. Jetzt wussten sowieso alle in Funmi Bescheid. Aber die Mädchen aus den anderen Wohnheimen wussten es nicht, deshalb ging jedes Mal das Getuschel los, wenn sie ins Atrium kamen. Man sah ihnen ihre Abscheu an.

Und hoch!

Ich hob die Machete an. Dann zielte ich, um das Gras möglichst nah an der Wurzel zu treffen.

Zuck.

Schmerz.

Und hoch!

»Tara«, rief Bisi am Fenster hinter mir. Ich schenkte ihr keine Beachtung. »Tara«, sagte sie wieder. »Geht's dir gut?«

Ich seufzte und hielt inne. Ein bestialischer Schmerz zog sich durch meine Rückenmuskeln. Das Blut floss aus meinem Kopf. Ich geriet ins Wanken.

Ich hatte einen Sonnenbrand im Gesicht, und salziger Schweiß floss mir direkt in die Augen.

Ich drehte mich langsam um und nickte. Durchs Fenster hielt Bisi mir ein Glas Wasser hin.

Ich schüttelte den Kopf.

»Stell dich nicht so an«, zischte sie. »Selbst wenn du es getan hast, weißt du ganz genau, dass es keine Absicht war. Wenn du wirklich ein Abiku bist, was ich stark bezweifle ... aber wenn du eins wärst, dann hätte dich der böse Geist zu alledem verleitet. Nicht du selbst. Bestraf dich nicht mehr als nötig.«

»Ich habe das verdient. Ich bin böse«, flüsterte ich.

Bisi schüttelte energisch den Kopf, und ich kehrte ihr den Rücken.

Ich dachte an die Plastiktüte, die sie unter meinem Bett gefunden hatten, die mit Salewas Haaren. Was hatte ich wohl damit vorgehabt? Mrs. Abimbola hatte mir diese Frage immer und immer wieder gestellt.

»Das wird harte Konsequenzen nach sich ziehen«, hatte sie gesagt. »Ich muss deinen Eltern Bescheid geben.«

Den Gedanken an Dad und Mum schlug ich mir schnell aus dem Kopf. Dafür blieb mir keine Kraft. Ich konnte mir kaum vorstellen, was sie wohl sagen würden.

Ich ignorierte Bisis Fluchen und mähte weiter den Rasen. Ich hatte kaum ein Zehntel des Abschnitts gemäht, dabei musste ich schon zwei Stunden hier sein.

Tränen mischten sich mit Schweiß und flossen mein Gesicht hinab.

Ich nuschelte wieder im Takt:

Hoch ... ansetzen ... schwingen ... zack ...

* * *

Mein Tablett zitterte, als wäre ein Erdbeben ausgebrochen. Dabei war es nur ich, die es kaum heben konnte. Meine Hände waren entstellt. Ich war mit meinem Rasenabschnitt nicht fertig geworden, und morgen ging der Spaß weiter. Mrs. Abimbola hatte mir erlaubt, vor dem Abendessen zu duschen und mich umzuziehen. Nicht, dass ich Hunger hatte. Ich war schlapp und wollte mich einfach nur unter meiner Bettdecke verkriechen. Nicht hier sein, im lauten Speisesaal, beäugt von der gesamten Schule. Alle mussten es inzwischen mitbekommen haben, sogar die Jungs. Überall verfolgten mich neugierige Blicke.

Bisi redete ununterbrochen, sie wollte mich wohl auf andere

Gedanken bringen. Aber wie denn? Wie konnte ich bloß an irgendetwas anderes denken?

Ich war ein Abiku, besessen, geboren, um jung zu sterben.

Ich stolperte Bisi beinahe vor die Füße, als sie an unserem üblichen Tisch stehen blieb. Mein Herz überschlug sich, als ich Lanre sah. Sein Blick war herzerwärmend und tröstlich. Ich hätte am liebsten geweint. Was dachte er wohl über mich?

»Alles in Ordnung?«, fragte er leise. Ich nickte und mied seinen Blick. Ich konnte diese aufrichtigen, warmen Augen gerade nicht ertragen. Schweigend schob ich die Kochbananenstücke auf meinem Teller hin und her.

Niemand sagte etwas. Am anderen Ende des Tisches wurde getuschelt.

»Boah, wir schreiben morgen einen Wirtschaftstest, und ich check gar nichts«, sagte Bisi, und ich war heilfroh, dass es nicht mehr um mich ging. Sie unterhielt sich mit Lanre und seinem Freund, bis wir aufgegessen hatten.

»Kommst du später zur Mauer?«, fragte Lanre, als wir unsere Tablette wegbrachten. Ich schüttelte den Kopf und drehte mich um.

»Hey, Tara, bitte?«, fragte er. »Lass uns reden. Ich bin für dich da, weißt du.« Er berührte mich, und es fühlte sich himmlisch an. »Die Gerüchte sind mir egal. Ich will nur, dass du mit mir sprichst.«

Ich schüttelte seine Hand ab. »Halt dich besser fern. Ich tue meinen Mitmenschen nicht gut«, sagte ich und ging.

Kapitel 33

Überall, wo ich hinging, wandten die Leute ihre Blicke ab. Irgendwann tat es weh, und ich kam mir nackt vor. Ich war zur Außenseiterin geworden. Nach dem Morgengebet gingen alle zu Salewa, um sie aufzumuntern. Die hasserfüllten Blicke ihrer Freundinnen durchbohrten mich und nahmen mir jegliche Hoffnung, dass es vielleicht doch nur ein Traum gewesen war.

Bisi blieb rund um die Uhr in meiner Nähe, obwohl ich nicht mehr mit ihr sprach. Mit niemandem mehr.

In der Pause kam Lanre mit zwei Dosen Cola auf mich zu. Er wollte mich unter vier Augen sprechen, doch ich kehrte ihm den Rücken zu.

»Oh, Lanre, nach dir habe ich gesucht«, schnurrte Lola mit ihrer schrecklich süßen Stimme. Ich musste einfach einen Blick zurückwerfen. Ihre Hand lag auf seiner Schulter, und sie flüsterte ihm etwas zu, war ihm viel zu nah. Noch immer schaute er betrübt zu mir rüber. Dann nickte er Lola zu. Lachend reichte er ihr eine der Dosen. Etwas in mir zog sich zusammen, es schmerzte unter meinen Rippen. *Es ist besser so. Halt die Leute von dir fern, bevor du sie verletzen kannst. Sie werden erleichtert sein, auch wenn sie es nicht zugeben.*

Als Bisi nach dem Mittagessen nicht aufpasste, floh ich in unser Zimmer. Ich atmete die friedliche Leere ein. Keine unangenehmen Blicke, kein plötzliches Schweigen, wenn ich den Raum betrat. Ich sank ins Bett, wollte den Kopf in meinem Kissen vergraben, als ich einen Brief darauf fand. *Meldebehörde Abeokuta.* Der Anruf bei der Behörde hatte mir Hoffnung gegeben, trotz meiner Zweifel bezüglich Jimi. Man hatte mich nach meiner Adresse gefragt, da ich telefonisch nicht erreichbar war. Bekam ich nun endlich die Antwort auf eine meiner Hunderten Fragen?

Beim Aufreißen des Umschlags zerriss ich vor lauter Aufregung beinahe den Brief.

Sehr geehrte Ms Walther,

wir bedauern, Ihnen mitteilen zu müssen, dass wir aus Datenschutzgründen keinerlei Auskunft über Personen namens Jimi oder Jimmy oder verwandte Namen wie Jakob oder James geben dürfen. Wenn Sie uns einen Nachnamen nennen und Ihren Verwandtschaftsgrad als seine Tochter nachweisen können, stellen wir gerne weitere

Nachforschungsversuche an. Bedauerlicherweise können wir Ihnen unter diesen Umständen nicht weiterhelfen. Wir wünschen Ihnen alles Gute bei der weiteren Suche.

Was hatte ich auch erwartet? Ich hatte doch schon meine Antwort. Ich war ein Abiku, verflucht, mehr musste ich nicht wissen.

Die Tür wurde aufgerissen.

»Da bist du ja!«, rief Bisi und warf ihre Schultasche hoch aufs Bett.

Als sie den Brief in meiner Hand sah, setzte sie sich zu mir.

»Haben sie sich gemeldet?« Ich hielt das Schreiben noch immer schwach fest, und sie las es. »Es tut mir so leid«, sagte sie.

Ich zuckte mit den Schultern.

»Na ja, das heißt nicht, dass er nicht hier ist oder dass es ihn nicht gibt, weißt du. Er ist bestimmt nur nicht in Abeokuta registriert. Oder …«

»Lass stecken, Bisi.«

»Aber …«

»Was hast du überhaupt davon?« Warum versuchte sie die ganze Zeit, mich aufzuheitern? Ich hatte es nicht verdient. »Warum bist du noch mit mir befreundet?« Meine Stimme klang rau und gemein. »Siehst du nicht, wie böse ich bin, wie verflucht? Warum verschwendest du deine Zeit mit mir?«

Verletzt riss sie die Augen auf.

»Weil du mir wichtig bist. Du bist meine Freundin, und ich würde dich niemals im Stich lassen. Du bist ein guter Mensch, das weiß ich.«

Aber genau in diesem Punkt war ich mir nicht so sicher. Ich hatte keine Ahnung, wer ich war und ob in mir noch etwas Gutes steckte.

Ich sah Salewa vor mir, mit ihren armseligen paar Haarbüscheln.

Ich durfte niemandem mehr wehtun. Ich durfte mir so etwas nicht noch einmal zuschulden kommen lassen. »Lass mich einfach in Ruhe, ja?« Am liebsten hätte ich sie geschüttelt. »Warum verstehst du es nicht?«

Bisi sah mich fassungslos an.

Ich biss mir auf die Lippen. Vielleicht war ich zu weit gegangen. Aber es war zu spät.

Sie verließ wortlos das Zimmer.

Kapitel 34

»Wie viel?«, flüsterte ich und vergewisserte mich, dass keine Lehrer in der Nähe waren. Das kleine Mädchen nahm das Tablett mit Kolanüssen von ihrem Kopf.

»Zweihundert Naira«, sagte sie grinsend.

Straßenhändler und -händlerinnen wussten, dass wir an den Toren nichts kaufen durften. Aber wir taten es trotzdem. Alles, was man dafür tun musste, war, dem Nachtwächter ein kleines »Präsent« zu machen. Eine Blase an meiner Hand platzte, als ich einen Bündel Scheine aus meiner GU zog. Ich reichte ihr einen zerknüllten Zweihundert-Naira-Schein.

»Und was ist mit mir, Sista?«, rief der Nachtwächter, als ich wieder sicher auf dem Schulgelände war. Ich reichte ihm eine der Kolanüsse und steckte mir die anderen beiden in die Tasche. Ich hatte die Dinger noch nicht probiert, nur ein paar Mädchen darüber reden hören. Manche Schüler kauten vor Prüfungen Kolanüsse. Angeblich wirkten sie wie Kaffee, sodass man sich besser konzentrieren konnte. Doch ich brauchte sie aus anderen Gründen. Ich musste wach bleiben.

Ich kaute ausgiebig auf den großen, kastanienartigen Nüssen, sodass ihre Bitterkeit über meinen Gaumen bis in meinen Rachen drang. Ich wünschte, der Saft bliebe bitter, aber leider hatte er am Ende immer eine süßliche Note. Ich konnte den Geschmack nicht ausstehen. Ich konnte gar keinen Geschmack mehr ausstehen. Es war, als trocknete ich innerlich aus, als würde ich ausgehöhlt. Nicht mal Speichel produzierte ich noch, mein Mund war ein ausgedörrtes Flussbett, mein Rachen eine Wüste und meine Stimme ein rauer, öder Wind.

Wenn mich die Nüsse nicht wach hielten, dann würde ich vielleicht nicht so tief schlafen. Nicht träumen. Und sonst was anstellen.

Im Bad ließ ich das Waschbecken mit kaltem Wasser volllaufen und tauchte meine mit Blasen übersäten Hände hinein. Es war ein ferner Schmerz, als wäre es nicht meiner. Sogar mein Gesicht kam mir fremd vor. Ich war wie ein Gespenst, das nichts mehr spürte. Und wie ein Gespenst folgte ich den Mädchen, wenn es Zeit zum Duschen war, zum Essen oder zum Lernen. Manchmal dachte ich an Bisi oder Lanre. Lanres Kuss. War das alles wirklich passiert?

Bisi verbrachte jede freie Minute in ihrem Bett und las.

»Sogar Bisi hat London aufgegeben«, sagte Lola. Niemand im Zimmer antwortete. Bisi machte sich nicht einmal die Mühe, aufzuschauen.

Nach Mitternacht wurde es stockdunkel im Zimmer. Dicke Wolken bedeckten den Mond. Die Vorstellung, noch eine Sekunde länger auf die Unterseite von Bisis Matratze schauen zu müssen, machte mich wahnsinnig. Meine Sinne, die den ganzen Tag so abgestumpft gewesen waren, kehrten mit voller Wucht zurück. Ich war hellwach, und ich konnte nichts anderes tun, als hier rumzuliegen. Ich stöhnte auf.

Meine Mitbewohnerinnen formten im Schlaf ein Orchester. Das dumpfe, nasale Schnarchen kam von Chidinma. Das rauchige Atmen war definitiv Halima. Und obwohl man es bei ihrer hinterhältigen Art nicht erwarten würde, klang Lola im Schlaf überraschend ruhig.

Auf einmal war da ein fernes Heulen. Der Geist von Olumo Haven? Sofort setzte ich mich auf und schaute zum Fenster. Da war es wieder, das lange, traurige Wimmern. Zögerlich stieg ich aus dem Bett, der kalte Boden unter meinen Füßen fühlte sich gut an. Ich umfasste das Fenstergitter und schaute raus. Bäume und Büsche tanzten, wie von einer unsichtbaren Kraft geschüttelt.

Als das Heulen wieder ertönte, spürte ich es wie einen Riss in meinem Brustkorb. Ich klammerte mich an das Gitter, bis meine Blasen platzten, und das Ziehen mischte sich mit einem anderen, mir allzu bekannten Schmerz. Meiner quälenden Sehnsucht. Instinktiv wusste ich, woher sie kam. Ich dachte an die Höhle unter Bisis geheimem Felsbrocken. Kalte Verzweiflung entfaltete sich in mir, und meine Vernunft verabschiedete sich. Mein Herz pochte heftig, obwohl ich versuchte, dem Drang zu widerstehen. Warum war ich mir so sicher, dass jemand nach mir rief? Bildete ich mir das nur ein, oder klang das wie »*Jimi!*«? Ich hielt mir die Ohren zu und verkroch mich unter der Decke. Mein Kissen war zu warm, zu schwer. Jetzt wünschte ich mir, ich hätte die Kolanüsse doch nicht gekaut. Ich wünschte mir nichts mehr, als einzuschlafen, damit dieses ohrenbetäubende Geräusch endlich aufhörte.

Kapitel 35

Am nächsten Morgen kam mir ein unerwarteter Gedanke. Ich hatte Heimweh, sehnte mich nach Mum und Dad. Fast konnte ich ihre Umarmung spüren. Dad, dünn und groß, seine Haare so lang, dass sie in seine Brille reinragten. Mum, sanft und warm. Mrs. Abimbola hatte sie inzwischen wahrscheinlich schon über meine Untat und Bestrafung in Kenntnis gesetzt. Die Vorstellung, dass sie Bescheid wussten, gefiel mir nicht. Ob sie sich Sorgen machten? Wie sollte ich ihnen das alles jemals erklären?

Der Wind blies durch das offene Fenster, dass sich die Vorhänge aufbauschten.

»Ahn-ahn, was ist das denn?«, murrte Lola und zog ihre Decke hoch. »Ist der Harmattan schon da? Chidinma, mach die Fenster zu, ich friere.«

»Meine Haut ist trocken wie Leder«, nuschelte Halima und rieb sich die Augen. »Wieso stürmt es dieses Jahr schon so früh? Es ist erst November.«

Ich blendete ihr Gespräch aus. Am Samstag würde ich meine Eltern anrufen und ihnen sagen, dass ich nach Hause wollte.

Nach Hause. Diese Worte schnürten mir die Kehle zu. Sollte das hier nicht mein Zuhause sein? Nur hier fühlte ich mich ganz und geborgen, nur hier gehörte ich hin. Vor meiner Ankunft war ich verloren gewesen, hatte keine Wurzeln gehabt.

Meine Schläfen pochten, und ich zuckte zusammen. Wie konnte ich überhaupt daran denken, abzureisen?

Als Rosemary nach ihrem Handtuch griff, traf mich ihr Blick, doch sie wandte sich rasch ab und verließ das Zimmer.

Ich zerrte mich aus dem Bett, um den anderen ins Bad zu folgen.

Es war, als würden Gewichte an meinen Gelenken hängen. Die zweitägige Disziplinarmaßnahme und der Schlafmangel machten sich bemerkbar, ich war todmüde. Ich merkte, wie Bisi mich vom anderen Ende des Zimmers beobachtete. Früher hatten wir alles zusammen gemacht, sogar die Zähne zusammen geputzt, aber jetzt schwiegen wir uns von entgegengesetzten Seiten an. Sie sah gequält aus, und als ich mich wegdrehte, stiegen ihr Tränen in die Augen.

Lola kam aus einer Duschkabine. Ihre Augen funkelten.

»Oh, oh, oh, wie herzzerreißend«, sagte sie. »Nicht mehr Seite an Seite.«

Bisi verschluckte sich beinahe an ihrer Zahnpasta, aber schüttelte bloß den Kopf. Sogar sie hatte aufgegeben.

Lachend ging Lola.

Kaum hatten wir uns angezogen, kam Mrs. Abimbola in unser Zimmer und studierte uns mit Adleraugen. Mit den Händen hinterm Rücken inspizierte sie unsere Betten, stellte sicher, dass die Spinde geschlossen waren, und vergewisserte sich, dass unsere Röcke bis an die Knie reichten. Wie ein Spürhund durchsuchte sie das Zimmer. Als könnte sie ihren Fund bereits riechen.

Sie fuhr über die Oberseite unserer Spinde, was roten Staub an ihren Fingern hinterließ. Es war fast, als wedelte sie mit dem Schwänzchen.

»Wie euch bestimmt aufgefallen ist, weht seit heute Morgen der Harmattan. Ab jetzt müsst ihr öfter abstauben. Sauberkeit kommt gleich nach Gottesfurcht!«

Lola verdrehte die Augen, und Mrs. Abimbola machte einen Satz nach vorn.

»Lola, es gefällt mir nicht, dass dein Rock immer so eng sitzt, und ich glaube, das sage ich dir nicht zum ersten Mal!«

Mrs. Abimbola setzte sich auf mein Bett und funkelte sie an.

»Oh, ich muss wieder zugenommen haben«, entgegnete Lola unbeeindruckt. Halima prustete und überspielte es mit einem Husten. Lola war das schlankste Mädchen in Funmi 14.

»Halima, dein Rock ist viel zu lang. Glaub nicht, du wärst besser als die anderen. Religion hin oder her, wir haben eine Schuluniform, und die sollte knapp unter dem Knie enden.«

Bisi hob ihre Brauen.

»Lola, das ist deine letzte Warnung.«

Lola blieb gleichgültig, fast aufmüpfig, doch Mrs. Abimbola sagte nichts.

Sie sah sich wieder um, als hätte sie immer noch nicht genug Fehler gefunden. Niemand wagte es zu atmen. Wenn Mrs. Abimbola ihre Reden schwang, hielt man besser den Mund. Jede falsche Bewegung zog die Tortur nur in die Länge.

»Es heißt nicht ohne Grund Uniform. Uniformität bedeutet Gleichheit. Wir sind nicht hier, um unsere Körper zur Schau zu stellen oder etwas zu beweisen, sondern zum Lernen. Das hier ist eine anständige Institution.« Sie wurde lauter, je desinteressierter Lola schien. Ich verdrehte innerlich die Augen.

»Ich lasse nicht zu, dass eines meiner Mädchen vom richtigen Pfad abkommt. Nicht unter meinem Dach. Ich möchte, dass ihr in zwei Jahren als respektvolle, ordentliche und gottesfürchtige junge Frauen von dieser Schule abgeht. Welcher Gott auch immer das sein mag.« Sie blickte zu Halima. »Habt ihr mich verstanden?« Sie schaute auf ihre Uhr und stand auf. »Ich sehe mir jetzt die anderen Zimmer an und werde in einem angemessenen Tempo zur Mensa gehen. Wer nach mir dort ankommt, darf nächste Woche die Toiletten putzen.«

Sie warf uns noch einen letzten Blick zu und ging.

»Gott, jeden Morgen dieses öde Gelaber«, zischte Lola.

Ich nahm meinen Rucksack aus dem Spind, um nachzusehen, ob ich die richtigen Bücher eingepackt hatte, als ich einen Schlüsselbund auf meinem Bett fand. Es waren Mrs. Abimbolas Schlüssel! Ich wollte ihr gerade hinterherrennen, als mir ein Gedanke kam. Sie hatte eine Akte über jede Schülerin. In meiner hatte sie einmal etwas vermerkt, an dem Tag, an dem Lola und ich uns gestritten hatten. Was, wenn es eine Akte über Omi gab? Vielleicht konnte ich herausfinden, was geschehen war – eine Adresse oder Telefonnummer finden. Ich könnte sie anrufen und fragen, wo sie die Kette herhatte.

Ich steckte die Schlüssel ein und rempelte dabei beinahe Lola an. Sie warf mir einen misstrauischen Blick zu, und ich eilte hinaus, bevor sie noch etwas sagte. Etwas verloren wartete sie im Flur. Normalerweise gingen wir zusammen zum Frühstück.

Aber wenn ich meinen Plan durchziehen wollte, durfte ich keine Zeit verlieren. Mrs. Abimbola würde jeden Moment bemerken, dass ihre Schlüssel fehlten. Ohne mit der Wimper zu zucken, huschte ich an Bisi vorbei Richtung Badezimmer. Wie erhofft, war es leer.

Sobald das Wohnheim wie leer gefegt klang, schlich ich mich in Mrs. Abimbolas Büro. Zitternd probierte ich einen Schlüssel nach dem anderen aus, bis einer passte.

Kapitel 36

Ich stand vor einer riesigen Regalwand voller Akten. Wie sollte ich jemals die richtige finden? Ich stellte fest, dass die Akten alphabetisch geordnet waren. Da fiel mir auf, dass ich nicht einmal Omis Nachnamen kannte.

Ich kniete mich vor »W« und fand »Walther«. Ich wollte danach greifen, verkniff es mir aber. Keine Zeit für solchen Blödsinn.

Was sollte ich tun?

Ich konnte wohl kaum jede Akte aufschlagen. Was, wenn Omis Akte vernichtet worden war? Sie war seit über einem Jahr nicht mehr an der Schule.

»Denk nach!«, zischte ich vor mich hin.

Nach meinem Ordner gab es nur noch ein paar weitere – einer davon trug die Aufschrift »Sonstige«.

Ich schlug ihn auf. Auf einem der Trennblätter stand »Problemfälle«.

Chidinma hatte von Omis »Problemen« gesprochen. Laut Gerüchten war sie von der Schule geflogen.

Der erste und größte Eintrag galt einer Schülerin namens Omotara Ilori. Verblüfft betrachtete ich den Namen. War Omotara die besagte Omi? Es gefiel mir nicht, dass mein Name in ihrem auftauchte.

Ich fuhr mit dem Finger über die Einträge und stoppte bei »Funmi 14«.

Omotara war tatsächlich Omi.

Ich rutschte zu Boden, lehnte mich an die Rückseite von Mrs. Abimbolas brauner Couch und blätterte fieberhaft weiter.

Ich las die Sätze laut, in der Hoffnung, sie dadurch besser zu begreifen.

»Ein entfernter, noch lebender Verwandter ... aus ärmlichen Verhältnissen ... Stipendium ... sehr gute Noten ... ruhige Schülerin.«

Ich tätschelte den Anhänger an meinem Hals und versuchte, die Gefühle zu ordnen, die plötzlich in mir aufkochten.

Wer war sie? Warum war sie nicht mehr an der Schule? War es ein Zufall, dass ihr Name meinem so ähnelte?

Ich schaute auf die Uhr. Mrs. Abimbola war bestimmt schon in der Mensa!

Die nächsten Seiten waren Nachweise ihres Stipendiums und ihrer Noten. Aber ganz unten, fast am Ende ihrer Akte, stach ein letzter Eintrag hervor.

»Schulverweis wegen unanständigem Benehmen ... Aggression gegenüber Mitschülerin … Name der anderen Mitschülerin einbehalten.«

Ich schlug die Akte zu. Nichts Brauchbares.

Enttäuscht schob ich den Ordner zurück. Ich musste rennen, und zwar sofort.

Ein rotes Notizbuch, das wohl aus der Akte gerutscht sein musste, fiel mit einem dumpfen Schlag zu Boden. Ich sprang beiseite und horchte nach Fußstapfen, doch es war still auf dem Flur. Zittrig atmete ich durch und wandte mich wieder dem Buch zu. Es war ein Skizzenbuch voller wunderschöner Porträts. Falls es Omi gehörte, dann hatte sie wirklich Talent.

Mein Atem stockte, als ein Gesicht zurückstarrte.

Ein Gesicht aus meinen Träumen.

Die Frau. Die Mutter der Zwillinge.

***

Mrs. Abimbola blockierte den Eingang zur Mensa wie eine Türsteherin im Club. Ich beeilte mich und versuchte, mir panisch eine Ausrede einfallen zu lassen. Als ich eintraf, begleitete sie mich in die Mensa, um ein Exempel an mir zu statuieren, wie ich schweren Herzens verstand.

Alle verstummten, und ein ganzes Augenmeer richtete sich auf mich.

»Tara Walther, du hast meine Geduld überstrapaziert. Du wirst sofort …«

Ich schüttelte den Schlüsselbund unter ihrer Nase.

»Ich habe überall im Haus nach Ihnen gesucht, um Ihnen Ihre Schlüssel zu bringen«, keuchte ich.

Sie beäugte mich wütend. »Wo hast du die gefunden?«

»Auf meinem Bett, wo Sie sich heute Morgen hingesetzt haben.«

Langsam, aber sicher entspannten sich ihre Züge. »Da hast du noch mal Glück gehabt. Das wäre nicht gut ausgegangen!«

Ich huschte davon.

»Disziplin!«, rief Mrs. Abimbola. »Disziplin ist das A und O!«

Doch ich hörte nicht zu. Mein Herz machte Freudensprünge bei dem Gedanken an das kleine Skizzenbuch, das ich aus ihrem Büro gestohlen hatte und das nun unter meinem Kissen auf mich wartete.

Kapitel 37

»Heul nicht rum, Rosi!«, zischte Lola.

Sie schnitt eine Zeitung in Streifen.

Rosemary versuchte, an die Schere ranzukommen, aber Lola hielt sie außer Reichweite.

»Gib sie zurück jareh, und hör auf, mich so zu nennen!« Rosemary schien aufgebracht.

»*Rose, will you dance with me, come now, dance, Rosi?*«, stimmte Lola an.

»Ruhe da drüben!«, rief Mrs. Soyemi, unsere Kunstlehrerin.

»Den Song kenne ich. Wie heißt der?«, fragte Tunde.

Lola schnaubte. »Ahn-ahn, kennst du etwa nicht Blackys Lied aus den Neunzigern? Er hat ihn für unsere Rosemary hier geschrieben. Aber sie will ja nicht ›Rosi‹ genannt werden, das ist ihr zu ländlich. Sie ist lieber chic.«

Rosemary zog eine finstere Miene und griff wieder nach der Schere, doch Lola schnitt weiter.

»Lola!«, rief sie wütend.

Mrs. Soyemi stand auf. »Was ist los?«

»Nichts, Ma«, antwortete Lola und haute die Schere auf Rosemarys Tisch. »Rosi albert nur mal wieder rum.«

Ein paar Jungs in den letzten Reihen schmunzelten, und Rosemary schaute mit tränenden Augen auf ihre Arbeit.

Bisi schüttelte den Kopf und warf mir einen Blick zu.

Ich schenkte ihr keine Beachtung. Meine Gedanken kreisten um Omi, oder vielmehr Omotara. In meiner Schultasche schien das rote Skizzenbuch beinahe mit dem Finger auf mich zu zeigen. Ich hatte immer noch keine Zeit gehabt, es mir genauer anzuschauen. Ich schloss den Reißverschluss meiner Tasche.

»Sollen wir heute zu meinem Geheimversteck gehen?«, fragte Bisi.

Ich erstarrte.

»Wir sollten reden. Ich hatte da so einen Gedanken, den ich mit dir besprechen wollte.«

Ich zuckte mit den Schultern, dann schüttelte ich langsam den Kopf. Das war keine gute Idee. Für einen kurzen Moment sah sie verletzt aus, doch dann presste sie die Lippen zusammen, und ich wurde aus ihrem Blick nicht mehr schlau.

Ich kam mir vor wie der gemeinste Mensch auf Erden. »Bisi ... ich ...« Doch bevor ich etwas sagen konnte, warf Mrs. Soyemi mir hinter ihrer Brille einen strengen Blick zu.

Die Glocke läutete, und ich merkte, dass ich mit meinem Projekt kaum vorangekommen war.

»Ihr wisst alle, was zu tun ist!«, rief Mrs. Soyemi über die zurückrutschenden Stühle hinweg. »Ihr dürft jedes Material verwenden, solange es an der Pappe kleben bleibt. Tobt euch aus! Ihr habt zwei Wochen Zeit.«

»Bisi ...« Ich hielt inne, als ich sah, wie schnell sie ihre Sachen zusammenpackte. Sie stopfte alles in ihre Schultasche und ging ohne ein weiteres Wort.

Ich seufzte und lief Richtung Mensa. Meine Mitschüler eilten an mir vorbei, unterhielten sich und lachten. Früher war ich nie alleine zum Mittagessen gegangen. Die Schlange vor der Mensa war nicht lang. Ich nahm mein Tablett mit Jollofreis und gebratener Kochbanane und setzte mich in die Ecke, nicht an unseren üblichen Tisch. Ich wollte gar nicht wissen, mit wem Bisi zu Mittag aß, und Lanre wollte ich auch nicht sehen. Am hintersten Tisch, wo die Mittelstufe saß, war noch ein Platz frei. Die Jüngeren sahen mich mit großen Augen an. Ich lächelte freundlich. »Darf ich mich dazusetzen?«

Zwei Mädchen nickten verunsichert. Kaum hatte ich mich gesetzt, streiften ihre Blicke an mir vorbei, und auf einmal sahen sie noch entsetzter aus.

»Darf ich mich auch dazusetzen?« Es war Lanre. Mir fiel die Kochbanane von der Gabel. War es normal, dass eine einzige Stimme alles zum Schmelzen brachte, was einen Menschen noch zusammenhielt? »Ich würde ihr gerne Gesellschaft leisten, sie sieht heute so traurig aus.«

Die Mädchen kicherten. Eine hielt sich die Hand vor den

Mund, machte große Augen und sah Lanre aufgeregt an. Ohne mit dem Kichern aufzuhören, rutschten sie zusammen.

Ich sah ihn an und bereute es sofort.

Hitze überschwemmte mich. Meine Wangen glühten.

Dieses Lächeln.

Natürlich fingen meine Lippen an zu zucken.

»Der Jollofreis ist heute echt gut«, sagte er.

Ich nickte und schaute auf meinen Teller.

»Kommt Bisi nicht?«, fragte er.

Ich blickte zu unserem Tisch.

»Sie ist heute nicht aufgetaucht«, sagte Lanre.

»Oh«, antwortete ich.

»Redet ihr immer noch nicht miteinander?«

Wieder sah ich mich in der Mensa um. »Na ja, sie hat gesagt, sie will reden, aber ich war nicht gerade nett. Dann ist sie weggerannt, also dachte ich ... ich dachte, sie wollte ...«

»Ohne dich in die Mensa?« Er hob eine Braue.

Ich kam mir bescheuert und fies vor.

»Ich glaube, sie isst heute gar nicht zu Mittag«, sagte er leise.

Ich senkte den Blick.

»Tara«, sagte er. Ich konnte nicht aufschauen. »Tara, wir sind für dich da, weißt du. Als deine Freunde. Bisi vermisst dich echt. Und mir geht's auch nicht gut damit.«

Er klang so zärtlich, wirkte so aufrichtig. Mein Herz schmerzte.

»Ich bin nicht mehr ich selbst«, nuschelte ich. »Ich sollte

nicht … ich kann nicht … Am Samstag sage ich meinen Eltern, dass …« Ich brachte es einfach nicht über die Lippen.

Lanre legte seine Hand auf meine.

Kichern ertönte. Die jüngeren Schülerinnen beobachteten uns.

Lanre seufzte und zog seine Hand zurück.

»Lass uns später reden. Bitte.«

Ich nickte, und mir wurde flau im Magen.

Kapitel 38

»Bisi, komm zurück!«

Mrs. Abimbolas Bürotür schmetterte gegen die Wand. Bisi stürmte heraus.

Ich erstarrte.

»Du darfst die Sache nicht in die eigene Hand nehmen«, ermahnte Mrs. Abimbola sie streng. Aber Bisi schien es nicht zu interessieren. Wütend rannte sie in unser Zimmer, stieß mich dabei fast um. Ich rannte ihr hinterher.

Zwei Mädchen aus Funmi 6, direkt gegenüber, folgten uns.

Im Gedrängel stieß Bisi Lola auf ihr Bett, sodass sie sich den Arm anschlug.

»Du miese, teuflische, lügnerische Hexe!«, rief Bisi.

Lola stand sofort wieder auf und ging auf Bisi los. Doch Bisi löste sich aus ihrem Griff, und die beiden rauften sich auf dem Boden.

Halima und Rosemary kreischten auf ihren Betten, nur

Chidinma sprang auf und versuchte dazwischenzugehen. Als sie einen Tritt in den Bauch abbekam, gab sie auf.

Lola zerrte Bisi an ihren Braids nach hinten. Bisi schrie vor Schmerz und rammte Lola mit voller Wucht, woraufhin sie ins Wanken geriet und in einen Spind krachte.

Die ganze Zeit stand ich wie gelähmt im Türrahmen, doch jetzt schüttelte ich mich. »Bisi! Was machst du da?«, rief ich.

»Sie ist eine Hexe! Eine böse, dreckige, lügnerische Hexe.«

»Was ist los mit dir?«, schrie Lola. »Hast du den Verstand verloren?«

»Wo ist deine Schere?«, fauchte Bisi. Sie drückte Lola gegen den Spind. »Sag uns, wo sie ist.«

Lola runzelte bloß die Stirn und schnappte nach Luft. Ein übler Kratzer auf ihrer Stirn färbte sich lila.

»Warum hast du heute im Kunstunterricht Rosemarys Schere ausgeliehen?«

»Ich habe meine verloren«, entgegnete Lola. »Was geht dich das an?«

»Lass sie sofort los!«, schallte Mrs. Abimbolas strenge Stimme durch den Raum.

Bisi reagierte nicht.

»Bisi!«, sagte Mrs. Abimbola in gefährlich tiefem Ton. »Muss ich es zweimal sagen?«

Ich drängelte mich vor und packte Bisi am Arm.

»Bisi, bitte«, flüsterte ich. »Du brockst dir solchen Ärger ein.«

Sobald Bisi losließ, sackte Lola dramatisch hustend zu Boden und tat, als würde sie sterben.

»Jetzt hör auf mit dem Theater, Lola, und beantworte die Frage«, sagte Mrs. Abimbola.

Wie alle anderen starrte ich Mrs. Abimbola fassungslos an. Was war nur in sie und Bisi gefahren? Wen interessierte es, dass Lola ihre Schere verloren hatte?

»Ich weiß nicht, ich habe neulich nach ihr gesucht, aber sie ist wohl einfach verloren gegangen.«

»Ach, einfach so?«, zischte Bisi. »Sie hat sich einfach in Luft aufgelöst?«

»Ich weiß nicht, wahrscheinlich hat jemand meine Sachen durchwühlt und sie geklaut«, warf Lola zurück. »Was willst du von mir?«

»Bisi hat mich über die fehlende Schere in Kenntnis gesetzt, als sie gesehen hat, dass Tara im Kunstunterricht ihre Schere dabeihatte und du nicht.«

Als mein Name fiel, zuckte ich zusammen. Was hatte ich damit zu tun? Ich hatte die letzten Tage schon genug Aufmerksamkeit abbekommen.

Mrs. Abimbola hielt eine Tüte in die Luft — lange, fluffige Haarbüschel schienen durch das Plastik durch. Ein metallenes Funkeln sprang mir ins Auge, und mein Puls schnellte in die Höhe.

»Du warst es! Du hast Salewa die Haare abgeschnitten«, rief Bisi. »Wir haben uns die Schere in der Tüte angesehen, da sind deine Initialen eingeritzt.«

Alle verstummten, als Mrs. Abimbola die Schere hervorholte. Immer mehr Mädchen versammelten sich vor der Tür.

Mrs. Abimbola sah Lola mit ernster Miene an. »Hast du uns etwas zu beichten?«

»Natürlich nicht, Ma! Warum sollte ich so was tun?«

»Weil du seit ihrem ersten Tag neidisch auf Tara bist. Ständig schikanierst du sie, machst dich über sie lustig, nur weil du es nicht aushältst, dass jemand beliebter ist als du.«

Ich konnte kaum noch atmen. War da etwas dran? War …?

»Das ist eine Lüge«, rief Lola wütend. »Chidinma hat auch gehört, wie sie nachts ›Haare ab‹ gerufen hat. Außerdem wissen wir alle, dass Tara gerne schlafwandelt und weiß Gott was für teuflische Dinge anrichtet.«

»Das stimmt nicht«, rief Bisi. »Sie stellt überhaupt nichts Teuflisches an. Das ist *dein* Spezialgebiet!«

»Genug!«, platzte es aus Mrs. Abimbola. »Ich wiederhole: Lola, warum ist deine Schere in dieser Tüte?«

Geflüster ertönte an der Tür, dann kam Salewa herein. Sie trug einen dunkelblauen Durag, um ihre Glatze zu verstecken. Um ihre Haare auf eine Länge zu kriegen, hatte Mrs. Abimbola sie komplett abrasieren müssen. Obwohl es gegen die Schulordnung verstieß – es sei denn, man war muslimisch –, hatte Mrs. Abimbola die Kopfbedeckung erlaubt.

»Ich weiß nicht, Ma. Gut, ich habe Tara ein bisschen geärgert. Aber ich glaube, sie wollte es mir heimzahlen, indem sie mir die Schuld für diesen Vorfall zuschiebt. Deswegen hat sie meine Schere geklaut und sie als Beweis in die Tüte gelegt.«

»Was?«, rief ich wutentbrannt. Wenn Lola Salewa das ernsthaft angetan hatte, um mich in die Pfanne zu hauen und mir das Gefühl zu geben, ich verliere den Verstand, dann würde man mich als Nächstes von ihr zerren müssen.

»Wenn ich dir die Schuld geben wollte, warum habe ich dann niemandem von der Schere erzählt?«, rief ich. »Warum hätte ich die Strafe und diese Demütigung auf mich genommen?«

»Ich kenne meine Rechte«, sagte Lola und setzte eine kühle Miene auf. »Mein Papa ist Anwalt. Die Schere ist kein Beweismittel. Jeder hätte sie in die Tüte legen können. Fest steht: Tara hat die ganze Nacht geschrien, dass sie jemandem die Haare abschneiden will. Und die Tüte war unter ihrem Bett!« Sie zeigte auf mich, und meine Brust zog sich zusammen. »Ich kann nicht fassen, dass du mich für so etwas verantwortlich machen willst!« Lola begann zu schluchzen.

»Schon gut, kein Grund zu weinen«, sagte Mrs. Abimbola. Sie sah mich stirnrunzelnd an und schien unsicher, was sie tun sollte. Salewa legte eine Hand auf Lolas bebende Schulter.

»Ich glaube Lola«, sagte Salewa. »Lola und ich hatten nie Streit, Mrs. Abimbola. Sie hätte keinen Grund gehabt, meine wunderschönen Haare abzuschneiden.« Ihre Lippen zitterten, als sie an ihren Durag fasste. »Es waren die längsten Haare der ganzen Schule.«

Bisi zischte laut. »Das klingt nach dem perfekten Motiv für Lola. Du hattest längere Haare als sie. Außerdem hatte Tara auch keinen Grund, deine Haare abzuschneiden, Salewa. Sie kannte dich doch kaum.«

»Es reicht!«, rief Mrs. Abimbola. »Ich kann Lola nicht ankreiden, dass ihre Schere in einer Tüte gefunden wurde. Wenn Tara sagt, sie kann sich an nichts erinnern ...«, Mrs. Abimbola sah mich an, dann Bisi, und zuckte mit den Schultern, »... dann belassen wir es dabei. Tara wurde sowieso schon bestraft.«

»Nein«, rief Bisi. »Das ist nicht fair! Tara würde so etwas nie tun. Es war Lola, das weiß ich!«

»Genug jetzt!«

Wieder brach Salewa in Tränen aus.

Meine Glieder wurden schwach, und mein schlechtes Gewissen überkam mich, als alle erst Salewa ansahen, dann mich.

»Und jetzt Abmarsch, alle miteinander«, rief Mrs. Abimbola und drehte sich um.

»Ich weiß, wer es war«, erklang eine leise Stimme.

Rosemary klammerte sich an ihren Bettpfosten, das Gesicht verzerrt vor Wut und Angst. Ihr Blick war auf Salewa gerichtet, die an Lolas Schulter weinte.

»Ich habe gesehen, wie die Person das Zimmer verließ, zurückkam und etwas unter Taras Bett versteckte.«

Lola blitzte sie zornig an. »Rosi! Wag es ja nicht ...«

»Es war Lola«, verkündete Rosemary laut.

Salewa wich empört zurück. »Ich wusste schon immer, dass

du neidisch auf mich und meine Familie bist, weil wir Geld haben. Und auf meine langen Haare warst du auch neidisch.«

»Gott, du bist widerlicher, als ich dachte«, zischte Lola.

Mrs. Abimbola ging auf Rosemary zu.

»Bist du dir da ganz sicher?«, fragte sie finster.

Rosemary blickte verängstigt zu Lola, dann nickte sie. »Nach Taras Schreien lag ich eine Weile wach. Es war echt unheimlich. Lola hat gewartet, bis sie dachte, alle würden schlafen. Dann hat sie in ihren Sachen rumgekramt, wahrscheinlich nach ihrer Schere, ich konnte es nicht erkennen. Etwa eine Viertelstunde lang war sie weg. Ich dachte, sie wäre aufs Klo gegangen. Als sie zurückgekommen ist, habe ich es rascheln gehört. Sie hat vor Taras Bett gekniet und etwas daruntergeschoben. Am nächsten Morgen hatte ich es schon wieder vergessen. Erst als Lola gesagt hat, wir sollten nach Salewas Haaren suchen, fiel es mir wieder ein.«

»Meine Güte, warum hast du dann nichts gesagt?«, fragte Mrs. Abimbola so wütend, dass ihre Augenbrauen sich fast in der Mitte trafen.

Rosemary wich zurück und sah wieder zu Lola.

In dem Moment sprang Lola ihr an die Gurgel. »Du Snitch. Nach allem, was ich für dich getan habe.«

Bisi und Chidinma rissen Lola von ihr weg. Sie wurde bleich und zitterte.

»Lola! In mein Büro, sofort.« Mrs. Abimbolas Blick war eiskalt. »Rosemary, du auch.«

Nachdem sie gegangen waren, herrschte Stille. Mindestens eine Minute lang sagte niemand ein Wort.

Bisi ließ sich auf Lolas Bett sinken. Sie sah mich gespannt an, als würde sie darauf warten, dass mir die Wahrheit bewusst wurde.

Salewa nahm meine Hand.

»Es tut mir so leid«, sagte sie. »Ich kann nicht fassen, was Lola getan hat. Unsere Familien sollten eigentlich befreundet sein.«

Ich nickte rasch und wünschte mir, alle würden einfach verschwinden. Ich brauchte einen Moment zum Nachdenken.

Aber erst musste ich …

Ich ging zu Bisi und schloss sie so fest in die Arme, wie ich nur konnte. Sie hatte auch dann an mich geglaubt, als ich es nicht mehr konnte.

Kapitel 39

»Ich bin trotzdem ein Freak!«

Lanre betrachtete mich durch den Zaun. In der Dämmerung schimmerten seine Augen warm.

»Nur ein Freak würde glauben, dass er jemandem die Haare abgeschnitten hat, obwohl er es nicht war.« Ich blickte hinter uns in die Dunkelheit, wo Lola arbeitete. Ihr war ein Stück Feld zugeteilt worden, da ich mich ja ums Atrium gekümmert hatte. Lolas Bestrafung war härter, denn sogar die Jungs konnten sie durch den Zaun sehen. Sie hatte den ganzen Nachmittag lang geschuftet. Ihr Stolz und ihre Coolness waren verpufft wie der Schweiß, der ihre GU durchnässte.

»Wer sagt, dass ich nicht auf Freaks stehe?«, sagte Lanre. Ich konnte sein Grinsen hören.

»Ich verstehe Yoruba. Einfach so. Obwohl ich es noch nie gehört habe, bevor ich nach Nigeria gekommen bin.«

»Ach, die klugen Freaks mag ich am meisten.« Er sprach

langsam und sexy, und obwohl ich ihn auf Abstand halten wollte, spürte ich, wie meine Vernunft sich verabschiedete und in mir alles zusammenschmolz.

»Ich habe Albträume, und ich schlafwandle, und manchmal weiß ich nicht, ob ich träume oder wach bin.«

»Hast du schon mal jemanden durch einen Zaun geküsst?«, fragte er auf Yoruba, und ich verstand ihn problemlos. Ich schüttelte den Kopf, und ehe mich's versah, lehnte ich mich vor.

Von Weitem ertönte der Gong zum Abendessen, doch das spielte keine Rolle. Nicht bei so weichen Lippen, die mich in solche Rauschzustände versetzten.

»Hey«, sagte er sanft. Er nahm meine Hände durch die Lücken im Zaun. »Ich weiß, es ist hart, aber lass dir von diesem nächtlichen Kram nicht das Leben vermiesen. Du bist nicht die Person aus deinen Träumen. Du bist die Person, die jetzt vor mir steht. Hier hast du Kontrolle über dich und dein Handeln.«

Ich sah ihm in die Augen und hätte ihm so gerne geglaubt. Aber meine Träume verfrachteten mich an fremde Orte, änderten meine Persönlichkeit. Ich hatte das Gefühl, nichts dagegen ausrichten zu können.

»Alles klar?«, fragte er.

Ich nickte.

»Und was Lola angeht, ignorier sie einfach. Sie ist …« Er hielt inne. »Kompliziert.«

»Du scheinst sie gut zu kennen?«

»Nicht wirklich. Wale, mein Freund – der eine, der dir sein

Handy ausgeliehen hat, damit du bei der Behörde anrufen kannst?«

Ich nickte.

»Der ist mit ihrem Cousin befreundet, Theo.«

Das erklärte nicht viel. Auf einmal drückte Lanre sich vage aus, als wollte er mir etwas verschweigen. Ich erinnerte mich, wie er Lola angelächelt und ihr die Cola gegeben hatte, die für mich bestimmt war. Mein Magen zog sich zusammen. Ich war eifersüchtig.

Was sagte er mir nicht?

Kapitel 40

»Mama, warum wollen die so schnell die Stadtmauer wiederaufbauen?«, fragte Ofeefee. Sie stellte die Öllaterne ab und wischte sich den Schweiß aus dem Gesicht. Ihre schmutzigen Finger hinterließen braune Spuren auf der blassen Stirn.

»Ja, warum so eilig?« Dudu nahm sich raunend das große Holzbrett mit den trockenen Lehmziegeln vom Kopf und streckte sich. »Die Leute sind ja ganz außer sich vor Panik. Als hätten die Egun ihre Geisterwelt verlassen, um uns heimzusuchen.« Ihre grünen Augen funkelten verschmitzt in der klaren, grauen Morgendämmerung.

Ofeefee kicherte. »Wen wehrt diese alte Mauer überhaupt noch ab? Geister jedenfalls nicht. Die ist so bröckelig, und selbst wenn wir sie in Aro restaurieren, was wird dann aus dem Nordteil?«

»Ruhe, alle beide!«, ermahnte ihre Mutter sie und sah sich nervös um. Dunkle Schatten huschten vorbei und trugen Schalen voller Lehm, dazu Seile, Reben und Äste mit sich. »Wir wollen keinen Ärger«, fuhr sie fort. »Wir leisten hier unseren Beitrag, dann gehen wir. Wehe, wir ziehen dabei Aufmerksamkeit auf uns. Verstanden?«

»Ja, Mama«, antworteten sie im Chor und senkten die Blicke. Ihre Mutter seufzte und lehnte sich zu ihnen herunter. Sie nahm ihre Zwillinge in die Arme und flüsterte. »Meine Töchter, ich habe gehört, ein Angriff steht uns bevor. Ein Spion hat eine Nachricht nach Abeokuta gesandt, weil König Gezo vom Reich Dahomey seine Krieger geschickt haben soll. Sie wurden in Ishaga gesichtet und kommen, um die Egba zu bekämpfen. Der Alake höchstpersönlich hat die Reparatur der Mauer angeordnet. Ihr wisst genau, was passiert, falls die Dahomey hier einmarschieren. Falls sie gewinnen.«

»Sie entführen und verkaufen uns an die weißen Männer, die an den großen Küsten warten«, antwortete Ofeefee mit leiser Stimme.

Dudu löste sich wutentbrannt aus den Armen ihrer Mutter. »Warum sollten wir ihnen helfen?«, zischte sie. »Während der Feiertage, beim Geschichtenerzählen und beim Yam-Essen ignorieren sie uns, als wären wir Bestien. Aber jetzt, wo sie Angst haben und Hilfe für ihre nutzlose Mauer brauchen, wollen sie zusammenarbeiten.«

»Psst!«, ermahnte sie ihre Mutter. »Zügle deine Wut, mein Kind, und pass auf, was du sagst. Wir sind eben anders, und sie wissen nicht, wie sie mit uns umgehen sollen.«

»Sie behandeln uns wie Dreck«, maulte Dudu. »Sie behaupten, wir wären Hexen und würden nachts umherwandeln und Unheil stiften.«

»Und wisst ihr noch, was sie uns antun wollten?«, warf Ofeefee mit ängstlichem Blick ein.

Die Mutter fuhr ihrer Tochter durch ihre kurzen Haare und seufzte. Sie erinnerten sich noch gut an die versuchte Opferung am Felsen.

»Ich weiß. Es ist nur fürs Erste, bis …« Sie hielt inne, und die Zwillingsschwestern tauschten nervöse Blicke aus.

Die Mutter schaute zum Felsen in der Ferne. An seinem Fuße war es noch grau und dämmrig, er warf einen Schatten auf die Hunderten von Häusern vor sich. Doch an seiner Spitze leuchtete er orange in der Morgensonne. »Solange wir uns nahe dem Felsen aufhalten, sind wir sicher«, sagte sie. »Die Kraft des Felsens wird uns schützen.«

Schreie ertönten hinter der Mauer, und jemand rannte darunter hervor.

»Krieger der Egba«, rief er. »Krieger der Egba, steht auf und kämpft. Sie sind da! Sie haben den Fluss erreicht!«

Zwei Frauen mit leeren Wasserkrügen kamen angerannt und pflichteten ihm bei. »Sie sind da, oh! Wir haben die Krieger am Ogun gesehen!«

Panisch kletterten die Arbeiter die Mauer hoch, um sich selbst ein Bild zu machen. »Schlagt die Trommeln! Schlagt die Warntrommeln!«, riefen sie.

»Mama!«, riefen die Mädchen, als ihre Mutter davoneilte. »Was machst du da?« Ihre Mutter rannte zur Mauer, wobei sich ihr Turban vom Kopf löste und zu Boden fiel. Ofeefee fing ihn auf. Hand in Hand rannten sie ihrer Mutter hinterher.

Ein junger Mann sprang von der Mauer herunter und eilte an ihnen vorbei, zurück zu den Hütten. Er nuschelte in derselben seltsamen Sprache, die der weiße Mann von der Mission sprach. »Oh Herr, hab Gnade, beschütze uns. Oh Herr, hab Gnade, beschütze uns.«

»Ich muss nachsehen«, hechelte ihre Mutter und kletterte die Bambusleiter hoch. Sie schob sich vorsichtig an der Mauer entlang, bis sie das Loch erreichte, das noch nicht ausgebessert worden war.

Die Schwestern folgten ihr und quetschten sich an ein paar Männern vorbei, die zusammengedrängelt an der Mauer standen, als wären ihre Füße mit Gummibaum-Harz an den Boden geklebt.

Jetzt hatten sie eine klare Sicht auf den schlangenhaft durch die Stadt rauschenden Ogun. Die Sonne war fast vollständig aufgegangen und schien sanft auf die Hügel am Olumo, über die Häusergruppen und das Flachland hinweg bis hin zum Fluss. Der Anblick erinnerte an braunen Honig, an dem sich Ameisen tummelten. Doch der Fluss war nicht aus Honig und die schwarzen Punkte in der Ferne keine Ameisen. Es waren Hunderte Krieger, die den Fluss in Scharen überquerten. Und hinter ihnen warteten Hunderte mehr auf ihren Einsatz.

Es war Trockenzeit, der Fluss war beinahe ausgetrocknet. Sie konnten problemlos hindurchwaten, die Arme hochgestreckt, um ihre glänzenden Macheten, Pistolen, Bogen und Pfeile nicht zu verlieren.

»Wird die Mauer standhalten?«, fragten die Zwillingsschwestern und versuchten, einen Blick zu erhaschen. Zitternd packten sie ihre Mutter am Gewand. »Wird sie standhalten?«

Doch die Mutter antwortete nicht. Sie schien in Gedanken woanders, schüttelte den Kopf und murmelte Beschwörungsformeln. Die Krieger hatten den Fluss passiert, preschten vor und gaben Schlachtrufe von sich. Ihre Gesichter, schwarz und rot bemalt, waren verzogen und ließen sie aussehen wie Ungeheuer.

Mit langen, wütenden Schritten kamen sie näher und näher.

Kapitel 41

»Wie's aussieht, bin ich nicht die einzige Regelbrecherin in Funmi 14«, erklang eine tiefe Stimme.

Ich erschrak und stieß mir den Kopf am Liebesfenster.

Lola saß draußen auf der Erde. Unbemerkt hatte sie im Schatten zugeschaut, wie ich mich durchs Fenster quetschte, ohne ein Wort zu sagen.

Sie zog an einer Zigarette und blies dicke Rauchschwaden in die Nachtluft.

Ich blickte in die Dunkelheit. In meinen Gliedern spürte ich schon wieder diesen Drang. Umrisse von Blättern tänzelten vor mir, und ich griff nach dem Fenstersims, ganz benommen von der Energie, die durch meine Adern floss. Von hier aus konnte ich den Felsen nicht sehen, aber ich spürte seine Präsenz, spürte, wie er mich zu sich winkte.

Lola beobachtete mich. Wartete.

Was sollte ich denn sagen?

»Heute soll man die Sterne gut sehen können.«

Ihre Zigarette glomm und brachte für einen kurzen Moment ihre skeptisch hochgezogenen Augenbrauen zum Vorschein.

»Es ist Harmattanzeit, Girl. Da oben gibt's nichts zu sehen«, entgegnete sie lässig.

Ich schaute hoch. Sie hatte recht. Der Himmel war vollkommen wolkenverhangen.

Für einen Moment war es still — nur die Heuschrecken und der kühle Wind säuselten im Gestrüpp.

»Es fühlt sich an, als würde man endlich seine Zwangsjacke loswerden ... unter freiem Himmel, meine ich. Vor allem hier«, sagte sie.

Ich war mir nicht sicher, ob sie sich lustig machte. Doch sie meinte es todernst. Ihr Blick war nicht so hart und zynisch wie sonst. Sie wirkte gedankenverloren.

Noch ein kühler Windstoß peitschte uns, und so erbarmungslos, wie er umherblies und mein dünnes Nachthemd aufwehte, kam er einem fast wie ein Schwarm Geister vor.

Ich rieb mir die Arme. Warum hatte ich keinen Pullover angezogen? Es war kälter, als ich es in Nigeria für möglich gehalten hatte. Seit der Harmattan seine Runde machte, fühlte sich die Luft anders an — trocken, rau und irgendwie lebendig.

»Apropos Zwangsjacke, hier ein kleiner Tipp für die Harmattanzeit: Geh nie ohne Jacke los.« Ihr Sarkasmus war zurück.

»Ja«, nuschelte ich. Ich spähte wehmütig durchs Gebüsch, aber das mit dem Felsen hatte sich für heute wohl erledigt. Was war überhaupt in mich gefahren? Meine Entschlossenheit war verflogen, und ich war nur noch hundemüde.

Seufzend lehnte ich mich an die Wand. Wenn ich schon hier war, dann erfreute ich mich eben am Nachthimmel, auch wenn ich die Sterne nicht sehen konnte.

Lola nahm einen Zug. »Also, was bringt dich hierher? Albträume?«

Ich schüttelte mich bei der Erinnerung an die preschenden Krieger und ihre Schlachtrufe, die für ihre fanatische Mission brannten, ihre hervorquellenden Augen und Venen. Ich war aufgewacht und hatte mein Abendessen im Bad ausgekotzt. Hatte Lola das gehört?

Im schwachen Licht meiner Taschenlampe hatte ich Omis Skizzen betrachtet. War mit den zitternden Fingerspitzen über Ofeefee und Dudus Gesichter gefahren, und die feinen Bleistiftlinien, die Omi um den Hals ihrer Mutter gemalt hatte. Die Kette mit den komplizierten Symbolen und die Leopardenaugen, die aus ihr hervorblitzten.

Es ergab einfach keinen Sinn.

Der Wind draußen war stärker geworden und das ferne Wimmern ins Zimmer vorgedrungen. Ich hatte das Skizzenbuch fallen gelassen und mich von einem Moment auf den anderen auf dem Sims des Liebesfensters wiedergefunden.

»Oder hat dich unser Hausgeist gerufen?«, fuhr Lola fort. »Ich wollte gerade meinen Arsch retten, als du rausgerannt bist, um ihn zu treffen.«

Wusste Lola überhaupt, wie richtig sie lag?

»Warum bist *du* hier draußen?«, fragte ich forscher als gewollt.

»Morgen ist Besuchstag.«

Ich wusste, was das bedeutete. Mrs. Abimbola würde ein ernstes Wörtchen mit Lolas Eltern reden. Das hatte sie so laut herumposaunt, dass das ganze Haus es mitbekam.

Ich beneidete sie nicht, aber Mitleid hatte ich auch nicht. Was sie getan hatte, war böse.

Ich warf ihr einen flüchtigen Blick zu. Vielleicht konnte sie mir ja etwas über Omi erzählen …

Sie hielt mir die Zigarette hin.

»Nein, danke«, sagte ich, gesellte mich aber zu ihr.

»Tsss …« Sie lachte trocken. »War ja klar, dass unsere Miss London nicht raucht.« Ihr Spott war zurück, und ich bereute es sofort, mich neben sie gesetzt zu haben.

Ich antwortete nicht.

»Salewa hat es verdient, weißt du.«

»Ach ja?«

»Sie ist eine verwöhnte Göre. Sie hat Omi wie Dreck behandelt und Gerüchte über sie in die Welt gesetzt. Das war nur fair.«

Ich hielt den Atem an. Das lief ja besser als erwartet.

»Welche Gerüchte?«

Lola blies wortlos Ringe in die Luft.

»Warst du mit Omi befreundet?«

Wieder antwortete Lola nicht, und ich seufzte frustriert.

»Und was ist mit mir?«, fragte ich stattdessen. »Warum habe ich eine Strafe für etwas verdient, was ich nicht verbrochen habe? Warum hast du es auf mich abgesehen, seit ich hier bin?«

Sie zuckte mit den Schultern. »Du bist auch eine von diesen privilegierten Gören, die keinen Plan haben. Weißt du überhaupt, wie viel wir für diese Schule zahlen? Hast du jemals zwei Meter rausgeguckt, auf die Straßenkinder, die Kolanüsse an der Pforte verkaufen?« Sie durchbohrte mich mit ihrem Blick. »Hast du dir jemals Gedanken darüber gemacht, warum ein zehnjähriges Kind Kolanüsse verkauft, anstatt zur Schule zu gehen?«

Ich musste schlucken. Natürlich war es mir aufgefallen, aber ich dachte, das wäre eben so in Nigeria.

»Schon klar, das Leben ist nicht fair«, fuhr sie fort. »Aber können die Gewinner wenigstens ab und an mal an die Nieten denken?«

»Und was tust du, heilige Lola, mit deinem bescheidenen Lebensstil und deiner sympathischen Art für die Ärmeren unter uns? Du bist doch genauso privilegiert, wenn du auf diese Schule gehst«, entgegnete ich.

Sie blitzte mich an. »Darum geht es nicht. Du spazierst hier rum, lebst dein Leben, verbreitest deine London-Vibes und kümmerst dich nicht drum, was um dich herum passiert. Das ist scheiße!«

»Was kann ich denn für meine Identität? Tut mir leid, dass ich aus England komme. Tut mir leid, dass du ein Problem damit hast. Ich kann es aber nicht ändern!«

»Du checkst echt gar nichts. Wenigstens hast du das Privileg, du selbst zu sein! Manche würden davon träumen!«

Sie spuckte die Worte dermaßen verbittert aus, dass ich stutzig wurde. »Tut mir leid, aber das kauf ich dir nicht ab. Wenn hier irgendwer macht, was er will, ohne an die Konsequenzen zu denken, dann du.«

»Ich kann alles tun, was ich will, nur eines nicht ...« Sie holte Luft. »Ach, ich kann es nicht erwarten, hier rauszukommen. Raus aus ... dieser heuchlerischen Oase. Raus aus diesem heuchlerischen Land! Ich kann nicht fassen, dass hier irgendwer freiwillig hinwill.«

Dann zog sie noch ein letztes Mal an ihrer Zigarette und drückte sie so wütend auf dem Boden aus, dass der Stummel komplett in der Erde verschwand.

Ich wollte nachhaken, wollte rausfinden, warum sie so trotzig war. Aber sie stand schnell auf.

»Wenn ich du wäre, würde ich nicht alleine hier draußen bleiben.«

Ich warf noch einen letzten wehmütigen Blick auf den Hinterhof, aber ich hatte den richtigen Moment verpasst, und die Kälte war mir bis in die Knochen gedrungen. Die Bäume sahen bedrohlich aus, die Büsche wild.

»In diesem Internat ist schon einiges passiert. Böses.«

Sie trat beiseite, um mich hereinzulassen.

Ich wartete auf eine Erklärung, aber es war, als hätten die Worte ihre Lippen versiegelt.

Kapitel 42

»Was zum … Tara, schau mal da vorne, bei der Essensausgabe«, sagte Bisi, als wir uns zum Frühstück anstellten. »Die Zweite von links!«

Ich riss die Augen auf, als ich Lola mit Haarnetz auf dem Kopf beim Austeilen sah. Die Brotscheiben, die sie auf die Teller klatschte, hätte sie den Schülern wahrscheinlich lieber um die Ohren gehauen. Um sie herum lagen lauter Rührei-Klumpen.

»Das ist mit Abstand die schlimmste Strafe, die ich bisher gesehen habe«, flüsterte Bisi. »Vor dem eigenen Wohnheim den Rasen mähen ist schon schlimm genug, aber das … Der ganzen Schule ins Gesicht schauen zu müssen, inklusive der Jungs. Und dieses Haarnetz!«

»Ja, das Haarnetz ist am schlimmsten«, stimmte ich zu.

»Verdient hat sie es aber«, sagte Bisi grimmig.

Kaum hatten wir uns hingesetzt und das Tischgebet gesprochen, platzte Mrs. Abimbola in grauem Anzug und weißer Bluse in die Mensa.

»Ruhe, alle miteinander, Ruhe!«, rief sie. »Ich bitte um Aufmerksamkeit.«

»Es ist Samstag! Warum ist sie so angezogen?«, flüsterte ich.

»Du meinst so professionell?«, fragte Bisi.

»Weil Besuchstag ist«, sagte Lanre, ohne von seinem Toast aufzusehen, auf den er reichlich Rührei schaufelte.

»Oh.« Ich atmete durch, denn ich hatte damit nichts zu tun.

»Wart's ab, gleich verwandelt sie sich in die liebste und verständnisvollste Hausmutter, die ein Internat je gesehen hat«, fügte Bisi hinzu.

Mrs. Abimbola presste die Lippen zusammen und warf uns einen Blick zu. Wir verstummten.

»Es gibt eine Ankündigung bezüglich der nächtlichen Geräusche, über die sich einige Schülerinnen beschwert haben.«

Mein Toast rutschte mir aus der Hand.

»Gestern Nacht hat der Sicherheitsdienst das gesamte Schulgelände abgesucht ...«

Ich schluckte. Ohne Lola wäre ich erwischt worden. Welche Strafe hätte mir da wohl geblüht? Meine Hände erholten sich immer noch von der letzten.

»Ich kann euch alle beruhigen, dass sie dort weder Buschbabys noch Geister, Hexen oder sonstige Gestalten angetroffen haben«, fuhr Mrs. Abimbola mit hochgezogenen Brauen fort.

Ein Kichern ging durch den Saal.

»Wer von euch an einer lebhaften Fantasie leidet, kann also aufatmen.« Mrs. Abimbola stemmte die Hände in die Hüften und warf einen strengen Blick in die Runde. »Den Mädchen, die sich panisch an mich gewandt haben, habe ich es bereits gesagt: Hier spukt kein ›Geist von Olumo Haven‹, wie ihn manche nennen. Auf diesem Internat gibt es keine Geister.«

Dabei hatte sie uns nicht gesagt, dass es keine Geister gab, nur dass bei uns keiner herumspukte. Wir wussten genau, dass sie an Geister glaubte und oft für Schutz vor dunklen Mächten betete.

»Das Wachpersonal hat rausgefunden, woher die nächtlichen Geräusche stammen.« Mit einem Mal war es mucksmäuschenstill in der Mensa. Sogar die Jungs, die nachts gar nichts mitbekamen, drehten sich gespannt um. »Sie haben eine Höhle unter einem Felsbrocken am Rand des Schulgeländes gefunden.«

Bisi schnappte neben mir nach Luft. »Unser Geheimversteck«, flüsterte sie.

Ich brachte kein Wort raus. Genau dorthin hatte ich gestern Nacht gehen wollen. Ich hatte dieses schmerzhafte Pochen in den Knochen gespürt, das mich durchs Fenster getrieben hatte.

»Die Höhle zeigt in Richtung Fluss, und der Wind, der über den Fluss weht, erzeugt dort eine Art Echo. Daher stammen die seltsamen Geräusche.«

Geflüster ging los.

Ein Mädchen hob die Hand.

»Ja, Caroline?«, fragte Mrs. Abimbola.

»Warum war das Heulen die letzten Monate weg und hat jetzt plötzlich wieder angefangen?«

»Sehr gute Frage. Wir glauben, es liegt am Jahreszeitenwechsel. Vielleicht haben Büsche den Höhleneingang blockiert. Dann hat der heftige Regen das Flussbett geflutet und die Büsche weggerissen. Eine andere Theorie ist, dass die Harmattanzeit stärkere Winde verursacht.«

Wieder wurde rege getuschelt.

Mrs. Abimbola schaute zur Tür und nickte.

Drei Männer betraten den Raum. Zwei trugen eine schwarzgraue Uniform. Einer von ihnen war der Nachtwächter, der mir erlaubt hatte, Kolanüsse zu kaufen.

Sie waren groß und stämmig, wie man es erwarten würde, und kamen mit großen Schritten auf uns zu. Der dritte sah neben den anderen eher zerzaust aus. Er trug einen schmuddeligen weißen Kaftan und einen kleinen weißen Hut, den er ständig zurechtrückte. Er sah nicht danach aus, als würde er gerade vor einer Horde Schüler stehen wollen. »Diese jungen Männer waren so nett, das Gelände abzusuchen«, sagte Mrs. Abimbola. »Bitte sagen Sie den Schülern, ob Sie da draußen Geister gesehen haben?«

Grinsend schüttelten die beiden Wachmänner den Kopf.

Der dritte, bucklige Mann nahm seinen Hut ab und senkte den Blick. Er trug Flipflops, aus denen seine langen, dürren Zehen herausschauten.

»Wer ist der andere arme Kerl?«, flüsterte ich.

»Das ist der Gärtner. Er spricht kaum Englisch. Wahrscheinlich hat er keine Ahnung, worum es geht«, erklärte Bisi.

Ich dachte an den gepflegten Garten hinter der Schule, den wir nicht betreten durften. An die seltsamen Schatten, die dort umherhuschten.

Im Gegensatz zu den anderen beiden Männern hatte der Gärtner nicht genickt.

»Da habt ihr also eure Erklärung«, stellte Mrs. Abimbola noch einmal klar. »Ich will nichts mehr von diesem Unsinn hören. Es ist ab sofort untersagt, nachts an meine Tür zu klopfen und sich über heulende Hexen oder wimmernde Ungeheuer zu beschweren. Jetzt beruhigen wir uns alle und lassen die Gruselgeschichten sein. Schlagt euch den Haven-Geist aus dem Kopf. Habe ich mich klar ausgedrückt?«

»Ja, Ma!«, entgegnete der Saal.

»Perfektes Timing«, sagte Lanre. »Schaffen wir den Geist aus der Welt, bevor die Eltern kommen.«

»Wir wollen ja nicht, dass die Schüler jammern und nach Hause wollen, wie letztes Mal«, warf Wale ein.

»Kommt deine Mutter?«, fragte Lanre Bisi vorsichtig.

Bisi nickte, die Backen voller Toast.

»Schön, dass sie es einrichten konnte«, sagte Lanre.

»Es ist natürlich ein großes Opfer, das sie da für mich erbringt. Aber ja, sie hat in letzter Sekunde gesagt, sie ›schaut kurz vorbei‹.«

»Und jetzt zum nächsten Punkt«, fuhr Mrs. Abimbola fort.

»Ich will, dass die Wohnheime heute picobello aussehen. Jedes Mädchen wird hier gepflegt und makellos erscheinen, ich will keine einzige Falte auf einer Uniform sehen, und auch die Betten macht ihr gefälligst perfekt. Keine herumfliegenden Zettel. Ich bin mir sicher, ihr wollt euch von der besten Seite zeigen!« Mrs. Abimbola nickte den Männern zu, und sie zogen sich zurück. »Und jetzt los, aufessen! Nur noch ein paar Stunden, dann seht ihr eure Familien.«

»Juhu!«, ertönte es mehrfach, und alle fingen an, sich aufgeregt zu unterhalten.

Aber ich konnte die Aufregung nicht teilen. Ich glaubte Mrs. Abimbola nicht. Tief in mir hatte ich gespürt, wie der Fels nach mir rief.

Ich schaute aus dem Fenster zum Gärtner. Er huschte durch sein kleines verschlossenes Tor, die Schultern angezogen und den Hut fest in der Hand.

Er wusste es. Ich war mir ganz sicher. Er wusste, das Heulen stammte nicht vom Wind.

Kapitel 43

Es herrschte Totenstille im Wohnheim. In meiner gesamten Zeit auf dem Internat hatte ich es noch nie so still erlebt. Die Mädchen waren in den Eingangssaal gerannt, um ihre Eltern zu begrüßen, und die, deren Eltern zu weit weg wohnten, standen vor dem Telefonzimmer an. Ich warf mein Handy aufs Bett und versuchte, es zu ignorieren. Mrs. Abimbola hatte mich vorhin mitleidig angelächelt.

»Während der Besuchszeit darfst du so lange telefonieren, wie du willst, Liebes«, hatte sie gesagt. Seit Lolas Masche aufgeflogen war, war sie besonders freundlich zu mir. »Ein Videoanruf, wie wär's?«, hatte sie gesagt und dabei peinlich gezwinkert, was überhaupt nicht zu ihr passte, und mir unbeholfen auf die Schulter geklopft. »Gott sei Dank hatte ich deinen Eltern noch nichts über den tragischen Vorfall mit den Haaren gesagt«, hatte sie erklärt. »Aber jetzt gibt es ja keinen Grund mehr, sich aufzuregen, nicht wahr?« Weil sie eine Antwort erwartete, hatte ich rasch genickt, innerlich völlig angewidert. Als würde ich Mum und Dad davon erzählen wollen. Die machten sich schon genug Sorgen.

Ich nahm mein Handy, doch meine Finger rührten sich nicht.

Also zückte ich stattdessen einen der Romane, die ich im Aufenthaltsraum gefunden hatte, und versuchte zu lesen. Auf dem Einband stand *Die Schatzinsel* von Robert Louis Stevenson, aber die Geschichte hatte rein gar nichts mit Inseln, Schiffen oder Landkarten zu tun. Es ging um Lady Waverly, ihr Schloss und einen großen, gut aussehenden Besucher.

Meine Gedanken schweiften ständig zu meinem letzten Traum. Die Krieger, die bösen Gesichter, die Schlachtrufe. Die Mutter und ihre Zwillinge, die alles entsetzt mitverfolgten.

Mit einem Ruck richtete ich mich auf, Lady Waverly und *Die Schatzinsel* fielen zu Boden, und ich atmete schwer. Mir war ein Name eingefallen. Ein Name aus meinem Traum. Ein König, der seine Krieger geschickt hatte, um die Egba anzugreifen. Die Mutter hatte den Kindern gesagt, »König Gezo« habe sie entsandt. Was wenn … der Name wirklich existierte? Vielleicht gab es eine Verbindung zwischen meinen Träumen und der Realität!

Ich sprang aus dem Bett, doch ließ ich mich gleich wieder darauf fallen.

Mist! Die Bücherei war geschlossen, weil alle wegen des Besuchstags durchdrehen.

Frustriert stöhnte ich auf.

Hatte die Reiseleiterin am Olumo König Gezo erwähnt, als sie von den Egba-Kriegen gesprochen hatte? Ich konnte mich an nichts mehr erinnern. Wenn es ihn wirklich gegeben hatte, konnte ich meine Träume vielleicht auf einen konkreten Zeitpunkt in der Vergangenheit zurückführen. Das wäre der Beweis, dass ich mir das alles nicht einbildete. Dass ich nicht den Verstand verlor! Ich griff nach dem Lady-Waverly-Buch und merkte, dass auch mein Handy runtergefallen war. Ich drückte die Sperrtaste und war froh, als es aufleuchtete.

Das große, runde Suchfenster fiel mir ins Auge. Ich quietschte.

Wie blöd von mir! Ich hatte schon den ganzen Nachmittag Zugang zum Internet, und es war mir nicht einmal aufgefallen.

Sofort ploppten Suchergebnisse auf und beseitigten jeden Zweifel, den ich noch hatte.

Ich las schnell, um alle Infos aufzusaugen, die ich kriegen konnte:

Gezo war von 1818 bis 1858 König von Dahomey, heute Benin. Seine vierzigjährige Herrschaft ist bekannt für ihre Grausamkeit. Er schürte Angst in den benachbarten Regionen, die er überfiel, um sein Territorium zu erweitern und Menschen zur Versklavung an europäische Kaufleute zu gewinnen. Er war stark involviert in den Handel mit Versklavten, obwohl diese unmenschliche Praktik kurz vor seiner Krönung abgeschafft worden war. Seine Herrschaft ist geprägt von mehreren wichtigen Militärsiegeszügen, die sich größtenteils in Yorubaland im heutigen Nigeria zutru-

gen. Die Stadt Abeokuta – gegründet während des Krieges am strategisch günstigen Fuße des Olumo, der als Schutz vor Versklavung diente – wurde zum Angriffsziel von König Gezo. Er überfiel die Stadt 1851 sowie 1864.

Mein Herz raste, und meine Hände zitterten so heftig, dass ich mehrmals tief durchatmen musste. Das war es! Meine Träume waren Visionen aus der Mitte des 19. Jahrhunderts. Wie verrückt war das denn? Ich las weiter.

Gezo wird der Einsatz der brutalen weiblichen Militäreinheit »Mino« zugeschrieben, von Europäern auch »Die Amazonen« genannt. Obwohl schon viele vorherige Königreiche über weibliche Leibwachen verfügten, war es Gezo, der diese zu Kriegerinnen machte — die blutrünstigsten, die der Kontinent je erlebt hatte. Sie waren bekannt dafür, die Schädel ihrer Feinde nach einem Siegeszug zu behalten.

Meine Gedanken überschlugen sich. Ruth hatte blutige, abgehackte Köpfe und Schädel in ihr Tagebuch gemalt. Auch Omi hatte ein furchterregendes Porträt einer Kriegerin gezeichnet.
    Ofeefee, Dudu und ihre Mutter hatten die Kriegerinnen durch das Flussbett waten sehen. Es war wirklich passiert. Auch ich hatte es gesehen.
    Hatten sie den Angriff überlebt?
    Ich hatte Angst um sie.

Angst um mich selbst.

Das war ein weiteres Puzzleteil. Ich hatte von realen Ereignissen aus der Vergangenheit geträumt. Jetzt blieb nur noch eine Frage:

Warum?

Kapitel 44

Ich schnappte mir Ruths kleines blaues Tagebuch und Omotaras Skizzenbuch, das ich hinter ein paar Klamotten in meinem Spind versteckte. Ich musste eine Verbindung finden. Zwischen Omotara und mir, der Kette, den Visionen und Ruth. Es musste etwas geben, das ich übersehen hatte. Ich schlug Ruths Tagebuch auf, und wie immer konnte ich bei den wirren Sätzen nicht anders, als hektisch durchzublättern. Ich versuchte mit ganzer Kraft, den Schmerz zwischen den Zeilen zu ignorieren, die Angst in ihren unfertigen Kritzeleien.

Die Frauen des Königs bringen den Tod.

Ja, das musste König Gezo von Dahomey sein.

Ein Dämon ohne Farbe, stand da als Nächstes. Was hatte das zu bedeuten?

Während ich blätterte, stachen einige Worte heraus und schienen nun Sinn zu ergeben.

Zertrümmerte Mauer ... die Stadtmauern wiederaufbauen ...

Der Tod watete durch das Flussbett.

Die Seiten waren vollgekritzelt mit Totenköpfen.

Wir hatten dieselben Visionen gehabt. Sie hatten sie verfolgt, genau wie mich.

Die Erinnerung an die Worte meines Großvaters jagte mir einen Schauer über den Rücken: *Seit über hundertfünfzig Jahren lastet ein Unheil auf den weiblichen Bensworths. Sie alle sind jung gestorben, immer war es Selbstmord.*

Ich blätterte in Omis Skizzenbuch. Als ich bei der letzten Zeichnung ankam, blätterte ich frustriert weiter. Und tatsächlich gab es ganz hinten noch eine letzte Skizze.

Ein Porträt von Lola.

Omi hatte sie in einem verträumten Moment eingefangen. Keine Spur ihrer Härte, sie war einfach nur wunderschön.

Ich betrachtete die Skizze, vollkommen verwirrt. Was hatte Lola mit alldem zu tun? Was wusste sie? Sie hatte so seltsam auf die Kette reagiert und wollte nichts über Omi rausrücken.

Ich seufzte. Ich musste es noch einmal versuchen. Vielleicht war Lola das letzte Puzzleteil.

Ich versteckte die Bücher unter meinem Kissen und ging. Ich hatte es satt, nur herumzusitzen und mir den Kopf zu zerbrechen. Ich musste etwas tun. Abgesehen von Lola, die gerade wahrscheinlich bei ihren Eltern saß, gab es als Anhaltspunkt nur noch die Höhle mit dem unheimlichen Geheule. Ja, Geheule und nicht der Harmattan. Vielleicht fand ich dort meine Antwort.

Ich eilte aus dem Wohnheim. Das fröhliche Getummel auf dem Schulhof war ein nervtötender Anblick. Mädchen unterhielten sich aufgeregt mit ihren Eltern und Geschwistern und hielten Tüten mit Fast Food, Kuchen und anderen Aufmerksamkeiten in der Hand.

Ich wartete einen Moment, bevor ich um das Gebäude herumging, als Mrs. Abimbola auftauchte. Mit finsterer Miene ging sie an mir vorbei, ohne mich eines Blickes zu würdigen. Sie unterhielt sich mit einem schicken älteren Paar. Erst dann bemerkte ich, dass Lola ihnen zornig hinterherlief.

»Lassen Sie uns in meinem Büro über weitere Disziplinarmaßnahmen sprechen, die wir für nötig halten, damit sie nicht vom richtigen Pfad abkommt«, sagte Mrs. Abimbola. »Meine Schüler und Schülerinnen liegen mir am Herzen. Vor allem Schülerinnen wie Lola, auf die ich ein besonderes Augenmerk lege.« Sie klang fürsorglich — vielleicht war sie netter, als wir dachten? Wenn sie doch nur nicht solche veralteten Ansichten hätte …

»Sie war schon immer ein schwieriges Kind. Deswegen haben wir sie ja aufs Internat geschickt«, sagte ihr Vater.

Lola bemerkte mich und pulverisierte mich mit ihrem Blick.

Ich fragte mich, wie ich jemals ein vernünftiges Gespräch mit ihr führen sollte.

Ein letztes Mal sah ich mich um, dann verschwand ich durchs Gebüsch am Wohnheim.

Als ich am Felsbrocken ankam, war ich völlig außer Atem.

Ich schleppte mich den Zaun hoch und kletterte auf den Felsen. Nach einer kurzen Verschnaufpause kroch ich nach vorn zur Kante, von wo ich den Fluss sehen konnte.

Der Höhleneingang war dunkel, bedeckt von Gestrüpp, und der Fluss rauschte direkt davor. Die Wahrscheinlichkeit, hineinzufallen und mitgerissen zu werden, war hoch.

Das würde nicht einfach werden.

Ich kam mir dumm vor. Was tat ich hier überhaupt? Jetzt gerade, in diesem Moment, verspürte ich keinerlei Verbindung zu diesem Ort. Etwas silbergrau Schimmerndes schwamm vorbei, ein Schwarm Fische. Ich blickte ihm nach, bis er verschwunden war. Der Fluss war so trüb wie der Himmel. Die Wolken leuchteten rötlich und verdeckten die Sonne. Seit dem Harmattan lag überall Staub, ständig war es dunstig. Alles war von einer dünnen roten Sandschicht überzogen, sogar der Felsbrocken, auf dem ich lag.

Ich wischte mir die Hände ab, stützte den Kopf auf und sah dem Fluss beim Vorbeirauschen zu. Nach einigen Metern machte er eine Kurve und verschwand. Der Olumo schien mich und den Fluss bei seinen zügigen Runden um die Stadt zu beobachten. Mir fielen die angsteinflößenden Krieger ein, die mit ihren glänzenden Waffen durch den Fluss stapften. Wo hatten sie ihn wohl überquert? Vielleicht genau hier? Ich war überfordert, ängstlich. Das Gluckern des Flusses erklang immer lauter.

Ich spürte etwas Kaltes auf meinen Armen und wich zurück. Ein fieser Wind leckte mir mit kalter, trockener Zunge über die Haut. Er wurde immer stärker, und der Fluss rauschte wie wild. Geflüster drang nach oben, wurde immer intensiver, bis es so schrill klang, dass ich dachte, die Höhle würde platzen. Es war herzzerreißend, brachte den Fels unter mir zum Pulsieren, meine Knochen zum Beben.

»Hey! Du da! Runter da!«

Ein dürrer Mann mit Buschmesser und Rechen stand zwischen ein paar Bäumen und den Personalwohnungen. Der Gärtner! Er winkte mich nach unten.

Ich rutschte vom Felsbrocken und landete wacklig. Dann rannte ich durch den Obstgarten mit den Orangenbäumen, durchs Gebüsch und die Maisfelder zurück in Richtung Wohnheim.

»Hey, du Frechdachs! Komm sofort zurück!«, rief er.

Doch ich hatte nicht vor, erwischt zu werden.

Kapitel 45

Ich rannte zum Wohnheim, heilfroh, dass ich dem Gärtner entkommen war, als ich der böse blickenden Mrs. Abimbola in die Arme lief.

»Wo warst du?«

»Ähm … ich war spazieren … an der Mensa«, log ich.

»Ich fasse es nicht.« Mrs. Abimbola stemmte die Hände in die Hüften. »Ich war gerade in einer Besprechung, als man mich informiert hat, dass deine Eltern einen Anruf erwarten und sich Sorgen machen. Und du gehst spazieren? Ich habe dir doch sogar den ganzen Nachmittag dein Handy überlassen. Ich verstehe das nicht.«

»Na ja … ich habe angerufen, aber sie sind nicht rangegangen.« Ich war verwundert, wie schnell mir Ausreden einfielen.

»Und du konntest es nicht noch mal versuchen?« Mrs. Abimbola schüttelte den Kopf.

Ich gab mich reuevoll, um eine weitere Moralpredigt zu vermeiden.

»Na ja, dann beeil dich und ruf sie an.« Sie bedeutete mir zu gehen. »Ich muss zurück zu meiner Besprechung. Bring mir dein Handy, wenn du fertig bist.«

Kopfschüttelnd nuschelte sie vor sich hin. »Diese Kinder heutzutage. Zu meiner Zeit gab es noch Respekt. Respekt vor den Eltern. Respekt vor den Älteren.«

Ich eilte ins Haus und überlegte, was ich meinen Eltern vorlügen sollte, um das Gespräch möglichst kurz zu halten.

* * *

»Lola! Können wir reden?«

Ich trat hinter den Säulen am Mensa-Eingang hervor. Fast eine halbe Stunde lang hatte ich mich dort versteckt und auf sie gewartet.

Sie hatte den ganzen Abend Essen ausgeteilt und Geschirr gespült und sah dementsprechend erschöpft aus. Bei meinem Anblick loderten ihre Augen.

»Ich weiß, ich bin gerade die Letzte, die du sehen willst. Aber ich muss mit dir reden.«

»Da hast du recht. Du bist die Allerletzte, die ich sehen will!« Sie ignorierte mich und ging weiter.

»Lola, bitte«, rief ich und rannte ihr hinterher. »Es geht um Omi!«

Bei dem Namen zuckte sie zusammen, ohne jedoch stehen zu bleiben.

»Ich weiß, ihr Name ist Omotara«, ergänzte ich rasch. »Umso verrückter, dass ausgerechnet ich ihr Bett bekommen habe, findest du nicht?«

Lola sah mich an. Dann lief sie noch schneller und blickte zu den tänzelnden Schatten am Rande des Felds. Sie wirkte besorgt. Geradezu verängstigt.

»Es klingt vielleicht komisch, aber ich glaube, es gibt eine Verbindung zwischen Omotara und mir. Keine Ahnung, welche, aber ich versuche gerade, mehr über meine Vergangenheit zu erfahren. Deswegen bin ich in Nigeria. Meine Suche hat mich hierhergeführt. In dieses Internat, in dieses Bett, in dem vor mir ein Mädchen mit einem ähnlichen Namen geschlafen und dieselben Albträume gehabt hatte.«

Lola drehte sich schlagartig um. »Woher weißt du davon?« Sie riss die Augen auf. Jetzt merkte ich erst, dass sie Angst vor *mir* hatte.

»Ich ... ähm ... ich habe ihr Skizzenbuch gefunden. Sie hat die Leute gemalt, die ich in meinen Albträumen sehe.«

Lola runzelte die Stirn.

»Sie hatte also Albträume, oder?«

Lola nickte.

»Du scheinst sie gut zu kennen?«

Wieder hielt sich Lola bedeckt und zuckte bloß mit den Schultern.

Wir waren am Eingang unseres Wohnheims angekommen. Ich zog eine von Omis Zeichnungen aus meinem Rucksack.

»Ich habe dieses Bild von dir gefunden.«

Lola betrachtete es. Erst regte sie sich nicht, schien völlig emotionslos. Dann verzog sie das Gesicht, und eine einsame Träne kullerte ihr über die Wange. Sie begann zu schluchzen, und ich machte mir Sorgen, jemand könnte uns hören.

»Setzen wir uns doch auf die Bank unter dem Baum da«, flüsterte ich.

Mit bebenden Schultern folgte sie mir. Ich hoffte, heute Abend würde niemand an der Mauer sein.

Nachdem wir uns setzten, wartete ich ein paar Minuten, bis sie sich beruhigt hatte. Immer wieder betrachtete sie das Bild im schwachen Licht der Schulhoflampe.

Als ich Lolas Profil sah, die Sanftheit ihrer Augen auf dem Bild, verstand ich es plötzlich.

»Du und Omi, ihr wart mehr als Freundinnen, habe ich recht?«

Erst antwortete sie nicht. Doch nach ein paar Sekunden nickte sie.

»Niemand hat sich für sie interessiert, weißt du. Sie wurde immer ignoriert. Die Leute haben sie gar nicht wahrgenommen, weil sie in sich gekehrt war. Aber ... ich nicht. Für mich war sie klug, aufrichtig und wunderschön.« Sie sah mich nervös an. »Als du am ersten Tag mit deinem Schick-Schick, deinem brandneuen Koffer und deinem englischen Akzent hier angetanzt bist, war ich sauer. Du siehst sogar ein bisschen aus wie sie. Als du dann noch deinen Namen gesagt hast, war es vorbei. Du hast dich so aufgeführt, als könntest du einfach ihren Platz einnehmen. Du hast alles, was sie nicht hat. Sie war so arm und allein auf dieser Welt!« Lola blitzte mich an. »Ich konnte das nicht ausstehen.«

»Tut mir leid«, sagte ich.

»Du kannst nichts dafür«, sagte sie und lachte bitter. »Ich bin die, die sich entschuldigen sollte. Ich war ganz schön fies, oder?«

Für einen Moment war es still.

»Warum ist sie gegangen?«

Lola schnaubte.

»Mrs. Abimbola hat uns erwischt.« Sie fummelte an ihren Fingern und senkte den Blick. »Wir haben … ähm … gekuschelt … und uns geküsst, im Bad. Es war natürlich mitten in der Nacht, alle haben geschlafen. Dachten wir jedenfalls.«

Sie ballte die Hände zu Fäusten. »Das ist so unfair! Sich vor allen verstecken zu müssen. Sogar vor sich selbst. Sich zu … schämen.« Sie spuckte die Worte aus wie Galle, als würde sie sich vor sich selbst ekeln.

Auf einmal ergaben ihre Kommentare beim Rauchen Sinn. Ihre Verbitterung, ihr Gerede über Privilegien und Identität.

»Wenn du nur wüsstest, wie sehr ich diesen bescheuerten Zaun hasse!« Sie deutete darauf.

Verwirrt sah ich zur Mauer.

»Alle kommen so gerne hierher und glotzen die Jungs auf der anderen Seite an, kichern und knutschen mit ihnen herum.«

Sie schluckte wütend.

»Ich ... ich werde niemals jemanden auf deren Seite mögen. Wenn, dann wäre es jemand auf *dieser* Seite, und das ist absolut undenkbar.«

Die Vorstellung, dass sie sich jeden Tag Mrs. Abimbolas schreckliche Gebete anhören musste ... Für Mrs. Abimbola war es das größte Verbrechen, wenn eine Schülerin von Olumo Haven einen Freund hatte. Ein Mädchen und ein Junge wurden angeblich mal zum einwöchigen Rasenmähen verdonnert, nachdem sie beim Küssen erwischt wurden, und zwei Wochen Schulverweis gab es auch. Aber zwei Mädchen, das wäre ja der Untergang! Ich wollte mir gar nicht vorstellen, wie Mrs. Abimbola beim Anblick von Lola und Omi reagiert haben musste.

»Ich bin gefangen auf meiner Seite des Zauns. Verstehst du das nicht?« Die sonst so abgebrühte und selbstbewusste Lola wirkte plötzlich wie ein kleines Mädchen.

Ich nickte.

»Ich komme mir vor wie ein Wolf im Schafspelz. Als würde ich mich allen aufdrängen, nur weil ich *ich* bin.« Sie hielt inne. »Ich habe mir nie erlaubt, jemanden zu mögen, weißt du. Dann kam Omi ...« Wieder schluchzte sie, dann atmete sie tief durch und kam zum Punkt. »Mrs. Abimbola hat Omi sofort rausgeworfen.«

»Nur Omi?«, fragte ich verblüfft.

Lola lachte bitter und nickte. »Meine Eltern sind reich, wichtige Geldgeber, bla, bla. Omi war ein Niemand. Sie war mit einem Stipendium hier. Ich habe nur ein paar Strafen bekommen, nicht einmal etwas besonders Schlimmes. Mrs. Abimbola hatte Angst, sonst käme der Grund raus. Das hätte ihrem Ruf geschadet und meinen ruiniert. Also hat sie die Geschichte abgeändert und behauptet, Omi hätte sich mir aufgedrängt.«

Ich sah Lola entsetzt an.

Sie seufzte. »Willkommen in Olumo Haven. Ich kann es kaum erwarten, hier raus zu sein. Wie gesagt, ich hasse all diese reichen Kinder und ihre Privilegien. Die meisten führen sich dermaßen widerwärtig auf. Einmal durften wir bei einem Ausflug unsere Alltagskleidung tragen, und Salewa und ihre Freundinnen haben die ganze Fahrt lang über die Outfits der anderen gelästert. Als wäre es das Wichtigste auf der Welt, Louis Vuitton oder Dsquared oder was weiß ich was zu tragen. Sie haben sich über Omi lustig gemacht und gefragt, von welcher Marke ihre Schuhe wären, sodass es der ganze Bus hören konnte. Als sie nicht darauf reagiert hat, haben sie herumgeschrien, es wäre eine Marke aus Abeokuta. Alle haben sich schlappgelacht, nur Omi nicht. Und ich auch nicht.« Sie verschränkte die Arme und zischte. »Ich konnte sie nie offen in Schutz nehmen. Sie hat es nicht zugelassen, weil sie nicht wollte, dass ich mitreingezogen wurde. Was ihr selbst passiert ist, war ihr egal. *Ich habe keine Familie, wen interessiert's? Aber du schon*, hat sie immer gesagt. Also haben wir unsere Freundschaft geheim gehalten und uns nur nachts getroffen, stundenlang im Bad miteinander geflüstert.« Lola begann wieder zu schluchzen, und ich gab ihr einen Moment.

»Hat Omi dir je von ihren Träumen erzählt?«

Lola schüttelte den Kopf. »Sie haben ihr schreckliche Angst gemacht. Es waren Albträume, aber sie ist nicht aufgewacht und hat alles zusammengeschrien wie du.«

Lola hob eine Braue. Ich wandte mich ab und warf ihr ein klägliches Lächeln zu.

»Sie ist immer aufgewacht, ohne einen Mucks zu machen, und durch die Flure geschlurft, weil sie Angst hatte, wieder einzuschlafen. So haben wir uns angefreundet. Eines Nachts bin ich ins Bad gegangen, als sie dort geweint hat.«

Omi tat mir leid. Ich konnte ihre Angst gut nachvollziehen.

»Sie glaubte, sie wäre besessen, dass irgendeine dunkle Magie am Werk wäre.« Lola sah mich an. »Wenn ich dich nachts höre, klingt es, als passiert dir genau dasselbe. Du solltest aufpassen. Die Sache hat Omi mitgenommen. Das Ganze hat sie regelrecht aufgefressen. Als Mrs. Abimbola uns erwischt hat, war sie kaum noch dieselbe.«

Ein kalter Wind umwehte uns, und ich rieb mir die Arme.

»Hat sie dir je gesagt, warum sie diese Träume hatte? Was sie bedeuten sollten?«

Lola schüttelte den Kopf. »Als du angekommen bist und sofort Albträume hattest, habe ich mich gefragt, ob es das Bett ist. Vielleicht ist es ja verflucht?«

»Nein, ich hatte schon vorher Albträume. Sie haben mich hierhergeführt.«

Mein Herz wurde schwer. Mehr wusste Lola wohl nicht.

»Wo ist Omi denn jetzt? Ich würde sie gerne kontaktieren.«

Lola schüttelte den Kopf wie wild und vergrub das Gesicht in den Händen.

Eine fürchterliche Ahnung überkam mich. »Was ist?«

»Omi ist tot«, flüsterte sie. »Sie wurde im Fluss hinter dem Wohnheim aufgefunden, am Felsbrocken mit der Höhle. Aus der nachts das Geheule kommt.«

Mir fiel die Kinnlade herunter.

»Ich hab ...« Lolas Worte blieben ihr im Hals stecken. »Ich habe sie gefunden. Es war ihre letzte Nacht, bevor sie abreisen sollte. Sie hatte schon alles gepackt, aber sie wollte noch ein Mal zu ihrem Geheimversteck. Sie war stundenlang weg, also bin ich durchs Liebesfenster gestiegen, um nach ihr zu sehen.«

Ich hielt mir den Mund zu, Tränen flossen mir über die Wangen. Meine Finger wanderten zur Kette, dann zu meiner Brust. In mir tobte ein schrecklicher Schmerz.

An dem Felsen hatte ich den kaputten Anhänger gefunden. Meine Gedanken überschlugen sich. Die arme Omi. Hatte sie ihn in der Nacht verloren, als sie gestorben war?

»Wie ist es passiert?«, stammelte ich schließlich.

»Ich weiß es nicht. Ihr Fuß hat sich im Schilf verheddert, aber der Rest ihres Körpers lag im Wasser. Die Strömung kann ganz schön stark sein, vor allem in der Regenzeit. Sie konnte sich nicht mehr rausziehen, nicht bei dieser Strömung. Wahrscheinlich war es ein Unfall.«

»Das ist ja furchtbar«, sagte ich.

»Aber das ist noch nicht alles«, sagte Lola zähneknirschend. Ihr Blick war mit Schmerz und Hass erfüllt, ich konnte ihr kaum in die Augen schauen.

»Omi hatte keine Familie, nur einen Verwandten in einem entfernten Dorf, der nicht lesen und schreiben konnte. Sie kannte ihn kaum. Ihr Vater hat sie schon ganz früh verlassen, und ihre Mutter hat sich das Leben genommen. Sie wuchs in einem Waisenhaus auf.«

Diese neue Parallele zwischen Omis und meinem Leben verschlug mir den Atem, aber Lola legte noch einen drauf.

»Mrs. Abimbola hat die Sache einfach unter den Teppich gekehrt! Sie hat allen erzählt, Omi wäre im Morgengrauen weggerannt.«

»Was?«

»Sie hat Omis Leiche von einem Wachmann beseitigen lassen, glaube ich. Sie haben sie einfach in den Fluss geworfen wie Müll!«

»Oh mein Gott.«

»Am nächsten Tag haben sie den Obstgarten eingezäunt und verkündet, dass niemand mehr dorthin darf.«

Lola stieß einen Lacher aus. »Dann hat Mrs. Abimbola mich gezwungen zu schwören, dass ich Omis Namen nie wieder in den Mund nehme, sonst würde sie mich wegen meiner Sexualität öffentlich an den Pranger stellen.«

»Aber warum?«, fragte ich entsetzt. »Das ist doch ein Skandal! Warum würde sie so etwas tun?«

»Unter ihrem Dach hat niemand lesbisch zu sein, und niemand darf sterben.«

Kapitel 46

Ofeefee hielt sich die Ohren zu. Es war unerträglich. Die Schreie der Kinder, die Gebete und Rufe der Frauen, das furchtbare Getöse der Schüsse. Immer und immer wieder peitschten sie durch die Luft und hinterließen graue Rauchschwaden über dem blutgetränkten Boden. Wo man auch hinsah, war Leid, und die Sonne knallte erbarmungslos auf die Stadt.

Dudu nahm ihre Schwester an der Hand. Sie kauerten sich zusammen, hockten hinter einer Hütte weit weg von der südlichen Stadtmauer, wo König Gezos Krieger angriffen.

»Bleibt hier«, sagte ihre Mutter. »Ich muss mich den Frauen anschließen und den Männern an der Front Wasser und Schießpulver bringen.«

»Nein, Mama, ich hab Angst«, sagte Ofeefee. »Bitte bleib hier!«

»Ich kann nicht«, sagte ihre Mutter.

»Du schuldest ihnen gar nichts, warum verstehst du das nicht?«, rief Dudu frustriert.

»Ich mache das nicht, weil ich ihnen was schuldig bin. Ich mache es, weil ich euch beiden eine Zukunft sichern will. Ich will, dass ihr vom Volk akzeptiert werdet. Wenn ich nicht helfe, fällt es auf, und wer weiß, was dann …«

»Sie werden uns nie akzeptieren, Mutter«, zischte Dudu. »Wir sind Außenseiterinnen, ein Auswuchs der Natur. Unsere Augen haben die Farbe von Leoparden. Ofeefee und ich sind wie Tag und Nacht, obwohl wir Ibeji sind.«

»Lass es, Dudu«, flehte Ofeefee.

Ihre Mutter zog ihr Gewand zu und wandte sich ab.

»Sag schon, Mutter! Ist unser Vater überhaupt ein Mensch? Oder sind wir das Ergebnis einer deiner Juju-Beschwörungen, wie die Leute es behaupten?«

Ofeefee zog empört Luft ein und wollte Dudu den Mund zuhalten.

Da hielt ihre Mutter inne.

»Sprich, Mutter! Sind wir Bestien — die Kinder eines Geisterleoparden mit grünen Augen? Ofeefee, gelb wie sein Fell, und ich, braun wie seine Flecken?«

Ihre Mutter erstarrte, doch wie immer antwortete sie nicht auf Fragen nach dem Vater der Zwillinge. Stattdessen eilte sie zu den Frauen und Kindern, die sich schreiend vor die Hütte mit dem Schießpulver drängelten. Die Zwillingsschwestern sahen zu, wie sie in Schall und Rauch verschwand.

Von der Mauer ertönten Rufe. »Sie klettern hoch! Sie überfallen uns! Hilfe!«

Muskelbepackte Gestalten mit Macheten sprangen flink über die Mauer. Die Krieger waren rot und schwarz bemalt, von Kopf bis Fuß, fletschten die Zähne und verzogen die Gesichter, während sie ihre Waffen schwangen. Ihre Schlachtrufe waren schrill und ohrenbetäubend. Runde Kalebassen klackerten an ihren Hüften.

»Das sind keine Kalebassen!«, rief Dudu. »Die haben Schädel an ihren Gürteln!«

Die Egba kämpften tapfer, doch in dem Gewimmel war es schwer zu erkennen, wer gewann.

Pfeile flogen über die Mauer, mehrere Menschen fielen.

»Gott des Olumo, steh uns bei«, flüsterte Ofeefee.

»Mama!«, wimmerte Dudu. »Sie ist bestimmt in Gefahr!«

Sie blickten zu den Frauen, die sich zum Singen versammelt hatten. Dem Getöse des Kriegs entgegneten sie mit lauter Stimme das Lied der Egba.

Abeokuta ilu Egba,
Ibe l'agbe bi mi si oo.
Emi o f'Abeokuta sogo,
Un o duro l'ori Olumo,
Emi o maayo l'ori Olumo,
Wipe ilu olokiki o,
L'awa Egba n gbe e e.
Un ko nii gbagbe e re,
Ile ominira.

Abeokuta, Egbaland,
hier bin ich geboren,
Abeokuta bleibt mein Stolz,
ich stehe auf dem Olumo,
juble für immer auf dem Olumo,
in einer berühmten Stadt,
leben wir, die Egba.
Ich vergesse dich nie,
oh Land der Freiheit.

Die Mädchen blickten zum gewaltigen Olumo und beteten.

Einer der Krieger hörte die Frauen singen und nahm sie ins Visier. Doch sie ließen sich nicht unterkriegen, hoben Stöcke und Macheten und sangen noch lauter. Der abscheuliche Krieger mit breiter Brust und starken Schultern rannte wie ein wild gewordener Stier auf sie zu. Ein Egba-Mann rannte ihm hinterher, doch der Krieger zückte mitten im Schritt die Machete und stach ihn nieder.

Die Frauen schrien vor Angst, doch sie sangen weiter. Der Krieger kniete sich vor die Leiche des Mannes und hackte ihm in einem Schwung den Kopf ab. Als der Krieger den tropfenden Kopf gen Himmel hielt, platzte seine Weste auf, und zwei üppige Brüste kamen zum Vorschein.

»Die Krieger sind Frauen!«, kreischte jemand.

Schlachtrufe ertönten von der Mauer, und das Gemetzel ging noch schonungsloser weiter.

Die Mädchen betrachteten fasziniert die Frau mit dem entblößten Busen. Ihre muskulösen Arme glänzten in der heißen Sonne, als sie den Kopf ihres Opfers durch die Gegend schwang.

Sie hielt ihn hoch. »Ja! Wir sind die Agojie!«, schrie sie. »Wir dienen dem König, und wir sind Frauen! Auf dass wir erobern oder sterben!« Zwei Egba-Männer rannten auf sie zu, und ihre rot-schwarze Gesichtsbemalung schien aufzulodern. Sie spannte ihren Bogen, doch die Männer waren schneller und metzelten sie mit brutalen Machetenhieben nieder.

Sofort traf ein Schwarm von Pfeilen die Männer, und sie fielen schreiend zu Boden.

»Die Krieger sind Frauen!«, riefen die Egba-Frauen immer weiter, während sie in alle Richtungen stoben.

Dudu und Ofeefee rannten geduckt ins Geschehen. Hand in Hand bahnten sie sich einen Weg durch die Masse. Die Menschen verstreuten sich im Pfeilregen.

»Da!« Dudu zeigte in eine Richtung. Ihre Mutter war unter den Frauen, die Säcke, Ziegel und Äste und alles, was sie finden konnten, zur Mauer schleppten.

»Mama!«, riefen die Zwillinge im Chor, die Stimmen schrill vor Erleichterung. Sie rannten, doch ihre Mutter winkte sie panisch fort. Sie raffte den Saum ihres langen Gewands zusammen und rannte auf sie zu.

»Zurück zum Unterschlupf«, rief sie. Doch kaum war sie bei den Kinder angekommen, stürzte sie, die Augen weit aufgerissen. Ein Pfeil hatte sie mitten in den Rücken erwischt.

»Mama«, schrien die Mädchen. Sie fingen sie auf und schleiften sie mit Mühe fort.

»Ich kriege keine Luft«, hauchte ihre Mutter.

Die Mädchen schluchzten.

»Bringt mich zur Mission«, keuchte sie.

»Zur Mission?«, fragte Dudu und warf Ofeefee einen überraschten Blick zu. »Zum weißen Mann?«

»Glaubst du, sein Gott kann dir helfen?«, fragte Ofeefee mit hoffnungsvollen Tränen in den Augen.

»Bringt mich dorthin«, wiederholte ihre Mutter.

»Ich dachte, er wäre bloß ein dummer Geschichtenerzähler und sein Gott nutzlos?«, sagte Dudu.

»Aber er hat Medizin«, sagte Ofeefee.

Ihre Mutter wollte sprechen, aber konnte nur noch husten. Sie spuckte Blut in ihre Hand.

»Oh Mama! Bitte, Mama, bleib bei uns«, weinten sie und kämpften sich vor. Ihre Mutter hing schlaff zwischen ihnen. Mit je einem Arm ihrer Mutter um ihre Schultern hievten die Schwestern sie gemeinsam weiter, ließen das Schlachtfeld hinter sich.

Fast eine Stunde lang quälten sie sich vorbei an leer stehenden Lehmhütten, dem verlassenen Marktplatz und Bauernhöfen. Am Olumo sandten sie ein Stoßgebet an den Gott des Felsens. Dann, mit neuem Mut, liefen sie bis zur anderen Seite der Stadt, wo die Mission erbaut worden war, als der weiße Mann nach Abeokuta kam.

Sie standen vor dem großen Haus mit dem glänzenden Metalldach, das einzige dieser Art in der Gegend. Doch es sah komplett verlassen aus. Keine geschäftigen Priester, die Predigten hielten oder Beistand leisteten, keine Kinder, die Strophen aus dem heiligen Buch des weißen Mannes sangen. Niemand schien da zu sein. Auf dem großen Felsbrocken hinter dem Haus entdeckten sie den weißen Mann. Er beobachtete das Schlachtfeld aus sicherer Entfernung. In regelmäßigen Abständen erschütterten Schüsse die Luft, sie waren noch deutlich zu hören.

Die Schwestern versteckten sich hinter einem Baum. »Mama, wohin sollen wir jetzt gehen?«, flüsterte Dudu.

Der Mann hatte eine glänzende Glatze, fast so rot wie ein Palmkern. Er tupfte sich den Schweiß von der Stirn, klammerte sich an sein heiliges Buch und nuschelte nervös in seinen buschigen grauen Bart. Ein junger Egba-Mann in blutverschmierter Hose kam von der anderen Seite der Kirche. Er humpelte und keuchte. Der weiße Mann eilte zu ihm hinab.

Die blasse Frau des weißen Mannes streckte ihren Kopf aus der Kirche und rannte ebenfalls zu ihm, gefolgt von einem anderen, jüngeren weißen Mann und zwei bekehrten Egba. Sie hatten wohl in der Kirche gebetet.

»Der Balogun bat mich, Sie über die Zustände zu informieren«, rief der Mann mit der blutverschmierten Hose und schnappte nach Luft.

»Wie ist die Lage? Gibt es genug Munition?« Das Yoruba, das der weiße Mann sprach, klang weich und irgendwie glitschig.

»Die Angreifer sind wild gewordene Frauen!«, rief der Kundschafter.

»Was? Was meinen Sie?«, fragten die Leute aus der Kirche.

»Ja, Frauen«, wiederholte er. »Sie sind durch die Mauer eingebrochen, aber wir haben sie zurückgedrängt.«

»Oh Herr, beschütze uns«, sagte die Frau und bekreuzigte sich.

»Hierhin will ich nicht«, schnaufte die Mutter der Zwillinge und griff sich deren Schultern. »Ich will zum Haus auf der anderen Seite.« Sie war bleich, ihre Worte kaum mehr als ein Lufthauch.

Die Mädchen schleiften sie an den Bäumen hinter der Kirche vorbei. Als ein weißer Mann auf einem Pferd hinter den Hütten hervorkam, blieben sie stehen. Er war jünger als der Priester, hatte breite Schultern und einen gestutzten Schnurrbart. Ein großer Hut schützte sein Gesicht vor der Sonne. An seinem Pferd waren schwere Taschen befestigt, aus denen eine lange Flinte hervorragte.

Er erstarrte und sah sich hastig um.

»Was ist passiert?«, zischte er und kam näher.

»Mama«, flüsterte Dudu. »Wer ist dieser Mann? Kennst du ihn?«

Ihre Mutter antwortete nicht. Sie sah ihn bloß mit Tränen in den Augen an. Die Zwillinge verstanden die Welt nicht mehr.

»Sie ist verletzt«, sagte Ofeefee, während der Mann ihre Mutter anhob. Wie einen Sack Laub trug er sie in die nächste Hütte.

»Ich habe alles versucht«, keuchte ihre Mutter. »Aber das Volk will uns nicht. Die Kinder werden sich um sich selbst kümmern müssen, ich habe keine Familie.« Würgend schnappte sie nach Luft.

»Schhh«, sagte der Mann. »Beruhige dich. Ich kümmere mich um deine Wunde. Dann wird alles gut.«

Die Mutter schüttelte mit schmerzverzerrtem Blick den Kopf. »Meine Zeit ist gekommen. Schwör mir, im Namen deines weißen Gottes, dass du dich um sie kümmern wirst.«

Der Mann ließ sie los, und sie fiel auf die Erde. Er sah sie fassungslos an. »Ich bin Kaufmann«, sagte er. »Ein Reisender! Ich bin auf dem Weg zurück nach Lagos mit einer Nachricht an den Kapitän, danach fahre ich nach England. Ich kann mich nicht um sie kümmern.«

»Ich habe nie etwas von dir verlangt. Sieh sie dir an. Es sind deine, du kannst es nicht abstreiten.«

Der Mann richtete den Blick auf sie.

Erst da sahen sie seine hellgrünen Augen – dieselbe Farbe ihrer Augen.

Kopfschüttelnd wandte er sich wieder ihr zu. »Ich kann nichts für sie tun. Ich ... ich kann ihnen Geld geben, das ist alles.«

»Ich dachte, du wärst ein gottesfürchtiger Mann«, drängte die Mutter ihn schwach. »Ich dachte, dein Gott wäre herzlich. Ist es nicht das, was du gepredigt hast, als du wolltest, dass ich meinen aufgebe?«

»Du verstehst nicht«, sagte er. »Es ist unmöglich! Sie sind keine ehelichen Kinder. Das ist kompliziert.«

»Schwör es!«, krächzte ihre Mutter mit einem letzten Atemzug. Sie bohrte ihre Finger in seinen Arm.

»Mama«, riefen die Mädchen. »Gott des Olumo, bitte hilf uns! Sieh dir deine Tochter an und schenk ihr Leben. Hauch Leben in ihren Körper!«

»Aufhören«, zischte der Mann. »Hört auf mit diesen Heidengebeten!«

Bei seinen Worten erstarrten die Mädchen. Sie betrachteten ihre Mutter, die leblos auf der Erde lag.

»Es bringt nichts«, sagte er mit gerunzelter Stirn. »Niemand kann ihr noch helfen.«

Er stand auf. Weinend zogen sich die Mädchen in die Ecke zurück. Er nahm seinen Hut ab, um sich zittrig durchs Haar zu fahren. Ein dunkler Schweißfleck bedeckte seinen Rücken, sein Hemd klebte fest. Mit lodernden Augen ging er stumm in der Hütte auf und ab. Immer wieder sah er zu den Mädchen.

Dann holte er Luft. Er stand auf und packte Ofeefee am Arm, riss sie von Dudu und zog sie zur Tür.

»Tut mir leid, Kind«, sagte er zu Dudu. »Ich kann dich nicht mitnehmen.« Er sprach mit erstickter Stimme. »Wo ich hingehe, gibt es keinen Platz für dich.«

»Nein«, schrie Ofeefee und wollte sich befreien.

»Aber warum?«, fragte Dudu. »Warum nimmst du meine Hälfte und lässt mich hier?«

Doch als er sich abwandte, ihre schreiende Schwester im Schlepptau, verstand sie es. Ofeefee hatte die Farbe seines Volks. Sie waren am selben Ort geboren, am selben Tag, verbunden durch ein und dieselbe Nabelschnur. Sie hatten sich an derselben Brust genährt, doch ihre Schwester Ofeefee war blass wie sein Volk, während Dudu Schwarz war, die Farbe der Egba.

»Geh zur Mission«, rief der Mann, als er hinter Ofeefee auf sein Pferd stieg. »Sie kümmern sich dort um Waisen wie dich.«

»Bitte, Baba mi, mein Vater«, rief sie. »Ich bin auch dein Kind!«

»Tut mir leid«, sagte er und mied ihren Blick. Als es losgaloppierte, rannte Dudu neben ihm her.

»Zwei Schwestern, eine Schnur, ein Herz!«, rief sie und streckte ihre Hand aus. Ofeefee nahm sie und wiederholte die Worte.

Dann stolperte Dudu und fiel zu Boden. Staub stieg ihr in die Nase, sodass sie keine Luft mehr bekam und nicht mehr sehen konnte. Sie rappelte sich auf und rannte so schnell, wie ihre kleinen Beine sie tragen konnten, den ganzen Weg zum Olumo – dem einzigen Ort, an dem sie sicher war. Sie fluchte, murmelte Beschwörungsformeln, die sie bei ihrer Mutter aufgeschnappt hatte.

»Verflucht sei der Tag, an dem du geboren wurdest«, nuschelte sie. »Verflucht sei deine ganze Blutlinie.«

Als sie den Olumo erreichte, legte sie ihre zitternden kleinen

Hände an den Stein. »Bring mir meine Schwester zurück, oh Gott dieses Olumo. Ich werde alles tun, solang du sie mir zurückbringst. Ich opfere alles, worum du bittest.«

Sie eilte hinauf, und bis sie an der Spitze des Felsens ankam, schien ihre Lunge beinahe zu platzen. Sie blickte gen Horizont, interessierte sich nicht für das Gemetzel zu ihren Füßen. Sie hielt Ausschau, bis sie die dünne rote Staubspur des Pferdes entdeckte, das Ofeefee aus Abeokuta entführte. Die Staubspur, die sie einfach entzweigerissen hatte.

Sie streckte eine Hand in die Richtung ihrer Schwester und wimmerte: »*I ... ke ... ji ... mi!*«

Kapitel 47

Vor Schmerzen in meiner Brust krümmte ich mich und strampelte wild, bis ich endlich Luft holen konnte.

Ich erinnerte mich so lebhaft an das, was passiert war, als wäre ich direkt aus dem 19. Jahrhundert hierherkatapultiert worden. Schießpulver brannte noch immer in meiner Nase, und meine Zunge war staubtrocken. In der Dunkelheit, die schwer über Funmi 14 lag, suchte ich blind nach der grellen Sonne.

Dann kam ich zu mir und musste schluchzen.

Endlich verstand ich es. Es war nicht Jimi. Es war *Ikejimi*, oder eher *Ìkejì mi*, ein Ausdruck auf Yoruba. Der Schmerz, der darin steckte, durchströmte mich, riss mich entzwei.

Meine andere Hälfte.

Mir blieb der Atem weg. Ihr eigener Vater hatte sie getrennt, die eine Zwillingsschwester nach England mitgenommen und die andere, Dudu, ihrem Schicksal überlassen.

Mir kochte das Blut in den Adern.

Wie konnte er nur? Wie konnte er so grausam sein?

Auf einmal sah ich draußen ein schwaches Glimmen. Stechende Augen starrten mich an. Ich sprang aus dem Bett und drückte mein Gesicht ans Gitter. Erst sah ich nichts. Aber dann erkannte ich sie – eine dunkle, katzenartige Gestalt, die verstohlen zwischen den Bäumen herumschlich. Ich streckte meine Hand aus, und meine Kehle schnürte sich zu.

»Alles in Ordnung, Tara?«, fragte Bisi verschlafen. Der Umriss tapste leise davon und verschwand in der Nacht.

Am liebsten hätte ich Bisi angeschrien, mich in Ruhe zu lassen. Ich brauchte sie nicht! Ich brauchte niemanden.

»Ja«, zischte ich.

Sie drehte sich weg, und bald schlief sie wieder seelenruhig.

Das Ziehen in meiner Brust ließ meinen ganzen Körper in Flammen stehen. Jetzt wusste ich, warum ich hier war. Wer ich war! Ich war nicht durchgeknallt, und ich war auch kein Abiku.

Ich war aus einem Grund hier. Ich war nur zur Hälfte ich, und ich musste endlich ganz werden.

Ich horchte am Fenster. Da war er! Der Ruf war schwach, aber ich konnte das *Ìkejì mi* darin deutlich erkennen, immer und immer wieder.

»Mo n'bò! Ich komme!«, formte ich mit den Lippen und streckte meine Hand aus. Das Yoruba ging mir leicht von den Lippen. Der Wind wehte mir erleichterte Seufzer entgegen, und ich verspürte endlich Ruhe.

Schon bald stapfte ich mit entschlossenen Schritten durch piksende Büsche, vorbei an rauen Baumstämmen und dem kalten Metall des Zauns. Ich hatte meine Taschenlampe dabei, aber hier draußen konnte ich sie nicht anschalten. Doch das bereitete mir keine Sorgen, ich kämpfte mich einfach durch. Die zirpenden Grillen übertönten das Heulen des Winds. Meine Kehle war trocken von all dem Staub, den ich einatmete.

Ich schlüpfte durch die Lücke am Zaun, und der Stein kühlte meine Hände.

Mit dem Rücken am Felsen balancierte ich vorsichtig am Flussufer entlang. Der strenge Geruch nach Algen und Fisch lag in der Nachtluft. Der Felsvorsprung war zu schmal, um schnell voranzukommen. Unter mir rauschte der silbergraue Fluss.

Ich dachte an Omi und wurde sofort schwach, lehnte mich an den Felsen. Meine Hände waren klamm, Schweiß floss mir über den Rücken. Auch sie war von Albträumen und einer tiefen Sehnsucht geplagt gewesen. Omi war wahrscheinlich Dudus Nachfahrin, und ich gehörte wahrscheinlich Ofeefees Blutlinie an. Wir kannten beide den Schmerz ihrer Trennung. Doch würde ich Omi nie kennenlernen. Sie war tot und ich zu spät dran.

Auch sie hatte sich zu diesem Ort hingezogen gefühlt. War es wirklich ein Zufall, dass sie hier starb?

Auf der anderen Seite des Flusses heulte eine Eule. Ihr düsterer Ruf machte mich nervös. Ich zwang mich weiter vor, tastete mich am Felsbrocken entlang, bis meine Finger den Höhleneingang fanden. Mit einem Schwung war ich drin. Ich landete unsanft, und meine Taschenlampe prallte zu Boden. Meine Haut kribbelte. Ich spürte, dass ich nicht allein war. Panisch griff ich um mich. Meine Nägel streiften Stein, und ich atmete auf, als ich endlich das Plastikgehäuse der Taschenlampe in die Finger bekam. Zitternd knipste ich sie an.

Niemand war da. Nur ein tiefer, beängstigender Tunnel, der ins Nichts führte. Ich kannte diesen Tunnel aus meinen Träumen.

Die Energie, die mich aus Funmi 14 in diese Höhle getrieben hatte, verpuffte. Stattdessen legte Platzangst ihre kalten Hände um meine Kehle. Ich trat einen Schritt zurück, als mir der Fluss einfiel. Gerade rechtzeitig hielt ich mich am Felsen fest. Geröll landete im Fluss wie eine Warnung.

Ein fernes Wimmern ertönte aus der Höhle und wurde immer lauter. Es vibrierte über den Boden und meine Fußsohlen, wie ein Erdbeben erschütterte es meinen Körper. Ich streckte die Arme aus, als die Sehnsucht mich wieder überkam. Dann eilte ich weiter und hielt nur an, um mir mit der Taschenlampe den Weg zu bahnen.

Der Tunnel war uneben, manchmal eng wie ein Schlupfloch, dann wieder weit wie eine Grotte oder hoch wie ein Torbogen. Nach und nach kamen mir Erscheinungen: Ofeefee an der Klippe in England, Dudu auf dem Olumo. Ich sah Dudu aufwachsen, abgeschottet im Untergrund, in Tunneln oder Höhlen. In Gedanken ging ich den Weg entlang, den sie schon hundertmal gelaufen war, und wusste plötzlich, wo der Tunnel hinführte. Am Ende weitete er sich zu einer kathedralenartigen Kammer mit spitzer Decke. Ich war unter dem – oder eher im Olumo.

Ich brauchte meine Taschenlampe nicht mehr, denn durch einen großen Riss in der Decke fiel schwaches Licht. Der Tag war wohl schon angebrochen. Ich schaute hinauf zu unzähligen wirren Wurzeln, die sich ineinanderschlängelten wie ein Haufen Kobras.

Dann ließ mich ein Flüstern zusammenfahren.

Sie war hier.

Kapitel 48

»Ofeefee, endlich bist du da«, sagte sie mit federweicher Stimme.

Sie war alt, extrem alt. Und wunderschön. Sie hatte perlweiße Locken, die sanft über ihren Rücken fielen. Im Kontrast zu ihrer dunklen Haut glühten ihre tiefgrünen Augen geradezu. Trotz ihres Alters erkannte ich in ihr noch die kleine Dudu, das Mädchen, das an jenem Tag im Jahr 1851 verlassen worden war, als König Gezos Amazonen angegriffen hatten.

Sie glitt über den Höhlenboden auf mich zu. Ich spürte einen kalten Windstoß, dann ihre Hand an meiner Wange.

»Meine andere Hälfte«, sagte sie mit gebrochener Stimme. »Ich wusste, dass du kommen würdest.«

Ich verspürte eine seltsame Schwere, die ich abzuschütteln versuchte.

Sie nahm meine Hand. Ich kannte den Spruch. Wir sprachen ihn gemeinsam.

»Zwei Schwestern, eine Schnur, ein Herz.«

Meine Worte gingen in ihre über, unsere Stimmen verschmolzen. Unsere Körper waren vereint. Als wir uns in die Augen sahen, verlor die Zeit jegliche Bedeutung.

Ich sah das Jetzt und die Vergangenheit. Ihre Liebe und ihren Verlust. Ein unerträglicher Verlust. Sie hatte ihn nie akzeptiert und stattdessen ein Leben endlosen Wartens gewählt. Ihre Kraft hatte sie aus ihrer Liebe und Abscheu geschöpft, was sie an die irdische Welt band. Sie hatte gewartet, immer und immer wieder Kontakt zu Ofeefee gesucht, über den Ozean hinweg, und die Verbindung stets am Leben gehalten. Sogar nach Ofeefees Tod hatte sie den Austausch mit ihren und Ofeefees Nachfahren aufrechterhalten.

Sie hatte sich an mich in England gewandt. Es war ihr Schmerz, den ich empfunden hatte, als Omotara starb. Wochenlang hatte ich ihn in meiner Brust gespürt. Sie hatte mich nach Nigeria geleitet und am Olumo mit mir gesprochen, mich vorbereitet.

Und jetzt war ich bereit.

Sie lächelte sanft, ihr Blick voller Liebe. Als sie sich abwandte, hielt ich es kaum aus.

»Bleib hier«, rief ich verzweifelt.

»Wir müssen den letzten Schritt gemeinsam gehen, um für immer vereint zu sein.« Sie winkte mich zu sich, und wir gingen zum anderen Ende der Höhle. Treppen waren in den Stein geschlagen worden, sodass man bis zur Spitze gehen konnte.

Sie erklomm die erste Stufe, reichte mir ihre Hand, und ich folgte ihr, ohne zu zögern. Dann verschwand sie durch einen Spalt ins Tageslicht, das nun greller war denn je. Ich wollte mitkommen, da hörte ich einen Schrei.

»Tara! Was machst du da?«

Ich blickte herab, konnte nicht fassen, dass jemand mich störte. Bisi und Lanre richteten eine Taschenlampe auf mich.

»Ich muss mit ihr mitgehen. Dann sind wir endlich vereint«, sagte ich.

»Was soll das heißen?«, rief Lanre.

»Wir werden eins sein, und nichts kann uns mehr trennen«, sagte ich erleichtert.

»Tara, du machst mir Angst«, rief Bisi. »Bitte komm da runter!«

Doch ich quetschte mich durch den schmalen Spalt. Auf der anderen Seite erwartete mich der helllichte Tag.

Sie wartete auf mich. Wir befanden uns auf einem Felsvorsprung auf halber Höhe des Olumo. Die erwachende Stadt lag uns zu Füßen, und hinter uns ragte der glatte, graue Fels in die Höhe. Es war ein schmaler Vorsprung, wahrscheinlich mehr als fünfzig Meter über dem Boden, doch Angst hatte ich nicht. Ich fühlte mich stark. Eine kühle Brise wehte durch meine GU, während ich auf Dudu zuging, um den Abstand zwischen uns zu schließen.

Hinter mir stöhnte jemand auf.

»Tara, oh mein Gott, Tara! Das ist lebensgefährlich!« Ich warf einen Blick über die Schulter und sah Bisi, die mit weit aufgerissenen Augen auf die winzigen Häuser unter uns blickte. Lanre zog sie an eine sicherere Stelle.

»Tara«, rief er. »Bitte komm zurück.«

Ich kehrte ihnen den Rücken zu und ging weiter, bis ich direkt neben Dudu stand.

»Was auch immer du da siehst, Tara, es ist nur ein Geist«, rief Bisi. »Wir können sie nicht sehen!«

»Meine Zwillingsschwester ist hier«, antwortete ich. »Ich kenne jetzt die Wahrheit. Sie hat über 150 Jahre auf mich gewartet. Jetzt werden wir endlich eins.«

Bisi schüttelte den Kopf. »Ihr Schmerz und ihre Erinnerungen sind nicht deine. Lass dich von ihnen nicht lenken. Es ist nicht dein Schmerz, Tara. Nur ihrer.«

Ich blendete ihre Stimme aus.

Dudu nahm meine Hand. »Ìkejì mi«, sagte sie, und ihre Worte waren Balsam für meine Seele.

»Zwei Schwestern, eine Schnur, ein Herz«, riefen wir gemeinsam.

Aus dem Augenwinkel sah ich eine Gestalt – Lanre. Ich knurrte. Dudu und ich wollten ungestört sein. Wir waren so lang getrennt gewesen. Jetzt wollten wir nichts als zusammen sein. »Geh!«, rief ich. »Ich brauch dich nicht. Bleib weg!«

Trotzdem kam er näher – ein zittriger Schritt nach dem anderen.

»Bisi, bitte sag Lanre, er soll zurückgehen.«

»Sie hat recht«, rief Bisi. »Lanre, das ist zu gefährlich. Du bist größer als sie. Die Felskante ist zu schmal für dich.« Bisi brach in Tränen aus.

Dudu zog mich sachte an der Hand. »Es ist Zeit«, sagte sie, und Wärme überkam mich. Ich wusste, was ich tun musste. Ich schob meine Füße an den Rand. Ich spürte, wie Dudus Seele in meine überging, wie wir eins wurden. Sie füllte die Leere in mir, die so geschmerzt und mich mein Leben lang verunsichert hatte. Es war unbeschreiblich schön. Jede Frage in mir war beantwortet, jeder Zweifel behoben, jeder Schmerz gestillt. Jede Woge in meiner Seele war geglättet.

»Du bist etwas Besonders«, sagte sie. »Ofeefee konnte nicht zurückkommen. Und die anderen nach ihr … sie haben den Weg nicht gefunden. So viele Zwillingspaare, über Generationen hinweg geboren auf verschiedenen Seiten der Erde, aber nie in der Lage, sich zu vereinen. Dann kam Omotara … ach, sie ging zu früh. Ihre Zeit war nicht gekommen. Ihr beide hättet euch finden sollen.«

Sie seufzte tief, und der Verlust von Omotara erschütterte mich abermals.

»Nur noch du warst übrig. Deswegen müssen wir beide uns jetzt vereinen. Du hast mich nicht enttäuscht. Am Ende … hast nur du gewusst, in welche Richtung du schauen musst. Nur du hast die Botschaften verstanden, die ich dir schickte.«

Ihr Schmerz nahm mir den Atem. Ofeefee war entführt worden, und nichts blieb außer Schall und Rauch.

Ich sah Ofeefee an der Klippe in England, und all meine anderen Schwestern, die nach ihr kamen. Alle verletzt, gebrochen, bis sie sich das Leben nahmen. Ich sah Ruth, meine Mutter, die in ihr Tagebuch schrieb, ihre Tränen tropften auf die Tinte. Ich sah mich im Kinderbett dahinter. Mein zweijähriges Ich, das die Arme ausstreckte, Rotz und Wasser heulte. Doch sie nahm mich nicht zu sich. Stattdessen schüttete sie eine Handvoll Tabletten in ihre zittrigen Hände. Dann schluckte sie sie eine nach der anderen.

Ich sank auf die Knie, wankte vor Schmerz.

Die Flasche lag auf dem Tisch, die Tabletten verstreut um das blaue Tagebuch. Ruth saß am Kinderbett und hielt meine Hand.

»Ich liebe dich«, sagte sie. »Bitte verzeih mir!«

»Tara!« Wieder war es Lanre, der mich aus meinen Gedanken riss.

Der Wind wirbelte Staub auf. An meiner Seite versuchte Dudu, mich von Bisi, Lanre und deren Schreien abzuschirmen. Doch ich konnte sie noch sehen.

»Tara, tu's nicht!« Der Staub ließ ihn aufhusten, dann rutschte er aus. Bisis Schreie verschmolzen mit Dudus beruhigenden Worten.

»Bald ist der Schmerz vorbei«, sagte sie. »Geh nur noch diesen letzten Schritt mit mir. Ein ... letzter ... Schritt.«

Kapitel 49

Gerade wollte ich mich von der Felswand abdrücken, als Bisis verzweifelte Stimme erklang.

»Tara, bitte! Denk an deine Eltern. Sie lieben dich. Du wirst ihnen das Herz brechen.«

Ich hielt inne. Sie liebten mich. Ruth hatte mich auch geliebt. Sie hatte es mir gesagt.

Es fühlte sich gut an, geliebt zu werden.

Der Schmerz, weil meine leibliche Mutter mich weggegeben hatte, verflog.

Sie hatte mich geliebt. Sie hatte nicht sterben wollen. Keine von ihnen hatte sterben wollen.

Als mir das klar wurde, ebbte die Wärme in meiner Brust ab, und an deren Stelle trat etwas heiß Loderndes. Wut. Ich ballte die Fäuste, und mein Atem wurde schwer.

All diese Leben. Verloren!

Ich sah die kleine Dudu, die ihre zitternden Hände auf den

Felsen legte und fluchte. *Bring mir meine Schwester zurück, oh Gott dieses Olumo. Ich opfere alles!*

Über anderthalb Jahrhunderte hatte Dudu die Leben so vieler Menschen geopfert, ihr eigen Fleisch und Blut. Nur, weil sie den Verlust Ofeefees nicht akzeptieren wollte.

»Nein!«, rief ich und löste mich aus ihrem Griff.

»Ofeefee!«, schrie sie. Der Faden, der mich zusammenhielt, diese berauschende Vollkommenheit, die ich gerade noch verspürt hatte, riss entzwei. Die überwältigende Leere, die sich nun in mir auftat, ließ mich aufstöhnen. Zum ersten Mal, seit ich Dudu kennengelernt hatte, konnte ich klar denken.

»Ich bin nicht Ofeefee«, sagte ich. »Ofeefee ist tot! Dein Fluch hat sie getötet.«

Dudu schüttelte den Kopf und bedeckte das Gesicht mit den alten, adrigen Händen.

»Du hast Ofeefee getötet, weil du sie nicht loslassen konntest. Sie starb einsam und mit gebrochenem Herzen – ein schrecklicher Tod. Du hast ihr nie erlaubt, ein glückliches Leben zu führen und Frieden zu finden.«

»Nein«, rief Dudu. »Ofeefee ist jetzt wieder bei mir!«

»Ofeefee ist tot. Du hast sie getötet, und ihre Tochter und ihre Enkelin und ihre Urenkelin und …«

»Neeein!«, rief Dudu wieder.

Ich brach in Tränen aus. Ihren Schmerz konnte ich kaum aushalten, denn er gehörte noch immer zu mir. Aber sie musste es verstehen. Ich dachte an Omi und ihre Albträume.

»Du hast die Leben deiner Blutsverwandten ruiniert. Deine Ur-ur-ur-Enkelin Omotara litt unter Albträumen und musste genau wie ihre Vorgängerinnen sterben. Wie ich wurde sie von deinen Rufen angezogen und verstand nie, was in ihrem Leben fehlte.«

Dudu griff nach meiner Hand, doch ich zog sie zurück, drückte mich fest an den Felsen.

»Nein«, rief ich. »Mir darfst du nicht auch noch das Leben nehmen. Verstehst du nicht, dass dieser fürchterliche Rachezug enden muss?«

Dudus grüne Augen verschwammen. Ihr Gesicht, ihre Haare, alles verblasste.

Sie schrie, und ihr Gesicht verzog sich vor Angst. Sie streckte die Arme nach mir aus, und ich nahm sie. Mein Herz brach entzwei.

»Ìkejì mi!«, rief sie, und ihr Umriss verzog sich. Ihre grünen Augen, scharfen Zähne, ihre Haut – alles nur noch ein Rauschen. Ein letzter Ruf, dann fiel sie vom Felsen und war fort.

»Meine Seelenschwester«, flüsterte ich und weinte um den Schmerz von 150 Jahren.

Panisches Ächzen und Gepolter brachte mich zurück ins Hier und Jetzt. Lanre hing am Felsvorsprung, presste sein Kinn gegen eine scharfe Kante, das Gesicht schweißüberströmt. Bisi tastete sich zu ihm vor. Sie zitterte so heftig, dass auch sie jeden Moment hätte stürzen können. Ich näherte mich Lanre vorsichtig von der anderen Seite, auch wenn die Angst mich packte.

»Halt dich fest, Lanre«, flüsterte ich.

»Ach was«, fauchte er. »Ich denk an nichts anderes.«

Auch seine Arme zitterten inzwischen.

Bisi und ich knieten links und rechts von ihm.

Ich warf ihr einen Blick zu. Wir mussten sein ganzes Gewicht stemmen. Sie nickte, und wir zogen ihn gleichzeitig von der Felskante. Er schrie vor Angst. Sein Leben lag in unseren Händen.

Mit Muskeln, die jederzeit reißen wollten, und mit einer Kraft, die ich uns nie zugetraut hätte, hievten wir ihn hoch. Ich seufzte erleichtert, ehe wir uns in die Arme fielen.

Kapitel 50

»Lola war in keiner guten Verfassung, als wir gegangen sind«, sagte Bisi und brach das Schweigen, während wir zurück durch den Tunnel stolperten.

»Warum?«, fragte ich und sah zu Lanre. Er sah noch immer überfordert aus. Meine Stimme klang schwach und heiser, und ich war dankbar für jede Ablenkung.

»Lola war diejenige, die gemerkt hat, dass du weg bist.«

»Oh.« Ich hatte noch gar nicht darüber nachgedacht, wie Bisi und Lanre mich überhaupt gefunden hatten.

»Sie hat überall im Haus nach dir gesucht, dann ist sie zusammengebrochen und hat uns geweckt. Ständig rief sie ›Tara ist weg, genau wie Omi‹. Sie hat gesagt, es sei ihre Schuld, weil sie dir von Omi erzählt hat. Und dass auch du sterben würdest.«

»Mrs. Abimbola hat zu Lola gesagt, sie soll still sein, und sie in ihr Büro gezerrt. Sie hat gesagt, Lola hätte psychische Probleme, und sie einfach weggesperrt!«

»Was?«

»Ja! Es war unheimlich. Das ganze Wohnheim ist aufgewacht, viele haben geweint. Wir alle haben gehört, wie Lola in Mrs. Abimbolas Büro geschrien und Dinge rumgeworfen hat.«

Ich zog mein Tempo an. Ich hatte ein unfassbar schlechtes Gewissen wegen dem Chaos, das ich gestiftet hatte. Lola hatte schon genug durchgemacht.

»Mrs. Abimbola hat alle zurück ins Bett geschickt. Als könnte jetzt noch jemand schlafen! Sie hat den Aufsichtsschülern befohlen, nach dir zu suchen. Ich bin ins Büro geschlichen, um Lola zu sagen, sie soll sich keine Sorgen machen, wir würden dich finden. Lola war ganz sicher, dass du zur Höhle gegangen bist, aus der das Geheule kam. Sie hat gesagt, dort wäre Omi gestorben und es hätte mit den Albträumen zu tun, die ihr beide hattet. Und dass ihr irgendwie in Verbindung steht. Ich habe mich rausgeschlichen, Lanre aufgegabelt, und dann sind wir hierhergekommen.«

»Ich weiß nicht, was sonst passiert wäre«, flüsterte ich und merkte, wie Lanre nach meiner Hand griff.

»Was für eine Nacht«, sagte Bisi. »Ich habe noch nie von dieser Omi gehört.«

»Omi war so was wie meine Zwillingsschwester. Ihr richtiger Name war Omotara, sie hatte als Letzte mein Bett. Die ganze Zeit dachte ich, wir hätten etwas miteinander zu tun. Dann habe ich ihr Skizzenbuch gefunden und war mir ganz sicher. Sie war eine enge Freundin von Lola.«

»Wow – sie hatte also deinen Namen und letztes Jahr auch noch dein Bett? Was für ein Zufall!«

»Nein, es war Teil des Fluchs, der mich hierhergebracht hat. Zu Dudu.« Bei ihrem Namen zog mein Herz sich zusammen.

»Ich werde nie wieder sagen, ich glaube nicht an Juju oder Geistergeschichten«, flüsterte Bisi. »Am Anfang haben wir sie noch nicht gesehen. Wir dachten, du hättest den Verstand verloren. Es sah aus, als würdest du mit dir selbst reden. Aber auf dem Felsvorsprung haben wir gesehen, wie sie in dich geschwebt und wieder aufgetaucht ist. Was für ein heftiger Anblick! Diese grünen Augen!« Bisi schüttelte sich, und der Strahl ihrer Taschenlampe zitterte.

»Sie war die Zwillingsschwester meiner Ur-ur-ur-Großmutter. Aber jetzt ist sie weg. Ein für alle Mal.« Ich holte tief Luft. »Die Geschichte erzähle ich euch später.«

»Geht es dir gut?«, fragte ich Lanre, der bis jetzt kein Wort gesagt hatte.

»Ja, alles gut. Mir geht's gut. Bin nur etwas ... durch den Wind.«

»Ich verstehe einfach nicht, wieso ich vom Tod dieser Omotara nichts mitbekommen habe«, sagte Bisi. »Ich kann nicht fassen, dass ein Mädchen aus unserem Zimmer auf dem Schulgelände gestorben ist und es nie erwähnt wurde.«

»Nur Lola und Mrs. Abimbola wussten davon.«

Trotz Mrs. Abimbolas Drohungen hatte Lola es mir anvertraut. Bei dem Gedanken wurde mir übel. Falls alles ans Licht kam, könnte sie rausfliegen oder Gott weiß was erleben.

»Kanntest du sie, Lanre?«, fragte Bisi.

»Ehrlich gesagt, habe ich erst vor Kurzem von ihr gehört«, sagte Lanre. »Ich habe Theo gefragt, warum Lola so gemein zu dir ist, Tara, und ob er als ihr Cousin nicht mal ein Wörtchen mit ihr reden könnte. Tut mir leid … dass ich mich eingemischt habe.«

»Hey, ich bin froh, dass es dir nicht egal ist«, sagte ich lächelnd.

»Er hat mir gesagt, Lola hätte ihre beste Freundin verloren, und auf irgendeinen schrecklichen Vorfall angespielt. Er hat mir erzählt, wie sehr es Lola mitgenommen und verändert hat. Sie tat mir leid. Aber mir war nicht klar, dass ihre beste Freundin auf dem Schulgelände ums Leben kam.«

»Lola hat gesagt, Mrs. Abimbola hätte alles unter den Teppich gekehrt, sogar den Leichnam entsorgt, und ihr im Anschluss gedroht.«

»Oh mein Gott!«, riefen Lanre und Bisi gleichzeitig.

»Lola hat es die ganze Zeit für sich behalten, aber jetzt … hoffentlich kriegt sie keinen Ärger. Ich fühle mich verantwortlich.«

Endlich sahen wir ein Licht am Ende des Tunnels, und schon bald ertönte das Flussplätschern.

»Oh, Gott sei Dank«, rief Bisi und eilte voran.

Als wir uns gegenseitig über die letzte Felskante halfen, hörten wir den Aufruhr vor dem Felsen.

»Alles Unsinn!«, rief Mrs. Abimbola. »Hier ist niemand gestorben. Die Schüler haben sich Sorgen gemacht, weil sie Tara nicht finden konnten, und so wie Mädchen halt sind, haben sie Gerüchte verbreitet. Dieser nutzlose Kerl sollte gefeuert werden, wenn er solche Geschichten erzählt. Werdet ihn los!«

Ich bedeutete Bisi und Lanre, leise zu sein. Wir spähten am Fels vorbei. Der Rektor und Mrs. Abimbola stritten sich, und daneben hielten zwei Wachmänner den Gärtner fest. Er sah aus wie nach einer Prügelei.

Als Mrs. Abimbola uns entdeckte, zeigte sie sofort auf uns. »Da ist sie! Sehen Sie! Diese Schüler haben sie gefunden. Habe ich nicht gesagt, unter meinem Dach geht niemand verloren? Weg mit ihm!«

»Nicht so schnell«, fiel ihr der Rektor ins Wort. Er wies einen der Wachmänner an, uns über den Zaun zu helfen.

»Ich weiß, was ich in dieser Nacht gesehen habe. Seitdem habe ich keine Ruhe. Ich weiß, was ich gesehen habe«, rief der Gärtner. »Und ich weiß, wer sie gefunden hat. Die Schmale! Sie weiß es auch. Sie ist Zeugin!«

»Gott, kann dieser Trottel mal die Klappe halten?«

»Mrs. Abimbola, ich bitte um Respekt. Ich bin sicher, wir können das Problem lösen, ohne laut zu werden«, sagte unser Rektor. Er war nicht so chic gekleidet wie sonst, sein blaues Hemd war zerknittert und hing aus der Hose. Doch er sprach mit ruhiger Stimme.

»Lassen Sie Mr. Akpan bitte los?«, wies er die Wachmänner an. »Meine Güte, er ist ein Zeuge, kein Verbrecher.« Er wandte sich uns zu und nickte. »Alles in Ordnung? Keine Verletzten?«

»Keine Verletzten, Sir«, sagte Lanre.

»Alles gut, Sir«, rief Bisi.

»Na schön. Wir haben uns wirklich Sorgen gemacht.« Er wandte sich mir zu. »Du wirst uns später einige Fragen beantworten müssen.«

Ich schluckte und fragte mich jetzt schon, wie ich das alles erklären sollte.

»Wer ist die andere Schülerin, die Zeugin?«, fragte er den Gärtner.

»Den Namen kenne ich nicht, aber ich weiß, wie sie aussieht.«

»Ihr Name ist Lola. Aus Funmi 14«, sagte ich und ignorierte Mrs. Abimbolas bedrohlichen Blick.

»Unsinn!«, rief Mrs. Abimbola. »Ich habe den psychiatrischen Notdienst für sie gerufen. Lola hat Probleme. Wir hatten in letzter Zeit eine Menge Vorfälle. Sie hat einem anderen Mädchen die Haare abgeschnitten.«

»Sie haben den psychiatrischen Notdienst gerufen, ohne mir Bescheid zu geben? Wissen die Eltern davon?« Jetzt sah der Rektor richtig wütend aus.

»Mrs. Abimbola hat sie um fünf Uhr morgens in ihr Büro gesperrt. Wahrscheinlich ist sie immer noch da«, warf Bisi ein.

»Sie haben *was* getan? Also gut, das geht zu weit. Wir reden hier von einem nicht dokumentierten Todesfall. Ein Tod, der vertuscht wurde!« Er zückte sein Handy. »Ich rufe die Polizei.«

Kapitel 51

Nachdem wir monatelang die GU getragen hatten, war es seltsam, Bisi in einem weißen Oversize-T-Shirt zu sehen, das sie in einem Knoten über Baggy Jeans und einer Bauchkette trug. In meinen zerrissenen Skinny Jeans kam ich mir komisch vor.

Nach Monaten des monotonen Graus schmerzten all die bunten Farben im Saal beinahe in den Augen. Eine stylische Frau in einem Kostüm aus knalligem Ankara-Stoff und High Heels fiel mir ins Auge. Sie sprach in ihre Airpods und gestikulierte dabei energisch. Zu meiner Überraschung winkte Bisi ihr und umarmte sie. Es war ihre Mutter!

»Das ist meine Freundin Tara«, sagte Bisi und lächelte, als ich rüberkam.

»Danke, dass Sie mich nach Lagos fahren und mich vor meinem Flug bei Ihnen übernachten lassen.«

»Keine Ursache, Tara«, sagte die Frau und lächelte rasch.

»Ich bin so froh, dass Bisi eine Freundin gefunden hat. Dank dir fühlt sie sich hier endlich wohl.« Sie sah sich beim Sprechen um. »Wo ist Lanre? Wir müssen los.«

»Er sollte jeden Moment hier sein«, sagte Bisi.

Ihre Mutter nickte. »Na gut, dann melde ich euch drei mal ab. Holt eure Taschen. Okay, Gladys, ich bin wieder da. Wann soll die Bestellung ankommen?« Sie widmete sich wieder ihrem Anruf und eilte davon.

Bisi verdrehte die Augen. »Darf ich vorstellen, meine Mum.« Ich grinste.

»Hey, Bisi!« Ein Mädchen aus einem anderen Zimmer winkte. Bisi ging zu ihr, und ich sah mich im Saal um. Mein Herz machte Freudensprünge. Ich würde mit Bisi und Lanre nach Lagos fahren! Mit ihnen etwas außerhalb des Internats zu unternehmen, würde so viel Spaß machen. Wir würden Lanre bei sich zu Hause absetzen, aber wir hatten uns für den nächsten Tag am Strand verabredet, bevor mein Flug ging.

»Hey!« Lanre tauchte neben mir auf. Er trug ein dunkelblaues T-Shirt und Jeans, womit er ultraheiß aussah. Doch er mied meinen Blick. Er führte sich schon die ganze Woche so auf.

»Freust du dich auf zu Hause?«, fragte er schüchtern.

»Ja! Ich habe meine Eltern vermisst.«

Betretenes Schweigen machte sich breit.

Bisi kam kichernd auf uns zu, dann stemmte sie die Hände in die Hüften.

»Also gut, einer muss es ja sagen!« Sie warf Lanre einen Blick zu. »Lanre denkt, du kommst im Januar nicht mehr wieder.«

Er verdrehte die Augen. »Amebo! Warum kümmerst du dich nicht um deinen eigenen Kram, Bisi?«

»Weil ich es nicht mehr aushalte, euch so zu sehen, nach allem, was wir erlebt haben.« Sie wurde ernst. »Wir müssen uns nichts mehr verheimlichen. Kommt schon, wir sind doch Freunde.«

Ich sah Lanre verwirrt an. »Warum glaubst du, ich komme nicht mehr?«

Er zuckte mit den Schultern und senkte den Blick. »Na ja, du hast doch gefunden, wonach du suchst, oder? Deine Wurzeln. Deine Geschichte. Deinen leiblichen Vater hast du zwar nicht gefunden, aber der ist wahrscheinlich sowieso in Europa und hat dort deine Mutter kennengelernt. Dort hast du bessere Chancen, ihn zu finden. Dich hält doch nichts mehr hier, oder?«

Bei den letzten Worten schaute er mir in die Augen. Er sah so traurig aus, mein Herz setzte einen Schlag aus.

»Hey«, sagte ich und nahm seine Hand. »Diese Reise war ... unbeschreiblich. Sie hat alles verändert ...«

Lanre wirkte enttäuscht. »Ich weiß.«

»Aber nicht, wie du es dir vorstellst«, erklärte ich. »Ja, ich kenne endlich meine Geschichte, und ich kann zum ersten Mal im Leben aufatmen. Aber ich habe nicht nur meine Wurzeln gefunden, sondern mein zweites Zuhause. Und das habe ich Bisi und dir zu verdanken.«

»Ooooh!« Bisi lächelte.

»Ich will nicht mal weiter nach meinem leiblichen Vater suchen. Jedenfalls jetzt nicht. Ich habe auf dieser Reise nicht nach ihm gesucht, sondern nach mir selbst.«

Ich war mir unsicher, ob sie mich verstanden, doch sie nickten ermutigend.

»Ich habe zu Hause nicht viele Freunde. Um ehrlich zu sein, hatte ich genau eine, und die habe ich nicht besonders gut behandelt. Das muss ich wieder gutmachen.« Ich war zuversichtlich, denn ich hatte Maxine kürzlich geschrieben, und wir hatten uns für die Ferien verabredet. Ich würde ihr einiges erklären müssen, aber sie hatte geantwortet, dass sie sich freute, mich zu sehen.

»Ich konnte mich vorher nie jemandem öffnen«, fuhr ich fort, »weil ich mich selbst nicht verstanden habe. Jetzt ist alles anders. Ich freue mich, nach Hause zu fahren – wahrscheinlich werde ich mich dort zum ersten Mal entspannen können.«

Lanre sah von Sekunde zu Sekunde niedergeschlagener aus.

»Aber ich würde es mir niemals entgehen lassen, hierher zurückzukommen.« Bei dem Gedanken stiegen mir Tränen in die Augen. »Nichts wird mich davon abhalten, mein Jahr in Olumo Haven mit euch zu Ende zu bringen.«

Lanre grinste schüchtern. »Na gut, na gut«, sagte er und hob die Hände. »Hätte ich gewusst, wie schrecklich dein Leben in England ist, hätte ich dir natürlich sofort geglaubt.«

Ich boxte ihn in den Arm.

»Aua!« Er lachte.

»Versteht mich nicht falsch, ich kann es kaum erwarten, wieder zwei Wochen Privatsphäre zu haben.«

Bisi grinste. »Fühl ich, Schwester«, sagte sie, und wir gaben uns lachend einen Faustcheck.

Jemand winkte mir. Lola. »Januar«, rief sie durch den Saal.

»Januar«, antwortete ich lächelnd. Kaum zu glauben, aber Lola und ich kamen jetzt gut miteinander aus. Sie hatte sich drastisch verändert. Seit ihr die Last von den Schultern gefallen war, Omis Tod für sich behalten zu müssen, waren auch ihre Verbitterung und Boshaftigkeit abgeklungen.

Inzwischen hatten wir eine neue Hausmutter, und alles war ruhiger geworden. Lola hatte keine Strafe bekommen. Der Rektor hatte Verständnis für ihr Verhalten gezeigt, schließlich war ihre Freundin gestorben, und sie hatte es für sich behalten müssen. Ihre Beziehung mit Omi wurde nie im Detail thematisiert. Mrs. Abimbola musste ihre Sachen packen, und anscheinend stand ein Gerichtsverfahren an.

Omis Leiche wurde nie gefunden. Aber es gab eine Abschiedszeremonie. Am Felsen vor der Schule wurde eine Gedenkstätte errichtet. Ein Stein, auf dem Stand: *Nie vergessen, weder im Leben noch im Tod.*

Nur zwei Leute, Lola und ich, trauerten wirklich um sie. Dabei hatte ich sie nie kennengelernt.

Bisis Mutter tauchte im Türrahmen des Eingangssaals auf und winkte uns zu sich.

Wir nahmen unsere Taschen und rannten auf den Parkplatz.

In der Ferne ragte der Olumo majestätisch empor.

Ich hob den Kopf und war seltsam stolz. Endlich wusste ich, wer ich war und woher ich stammte.

Wie die Egba Jahrhunderte vor mir war auch ich am Ende meiner Wanderungen.

Danksagung

Ich habe meiner Agentin Clare Wallace so vieles zu verdanken. Danke, dass du an *Sister Spirit* geglaubt hast, danke für deine brillanten Einfälle und dass du mich zu all den Überarbeitungen ermutigt hast, auch wenn ich jedes Mal aufstöhnte.

Ein großes Danke geht an Lauren Atherton für deinen Enthusiasmus und deine Herzlichkeit, und danke an das ganze wunderbare Zephyr-Team.

Ich bin meiner Familie für ihre unerschütterliche Liebe und Unterstützung zu ewigem Dank verpflichtet. Immer wieder habt ihr mir gezeigt, dass ich nicht allein bin. Shola, Enina und Leila, ihr macht mich glücklicher und stolzer, als ihr es euch je vorstellen könntet. Für euch will ich ein besserer, stärkerer Mensch sein.

Ein herzliches Dankeschön auch an dich, Blain, meine liebe Schwester, dafür, dass du deine Erfahrungen mit mir geteilt hast. Dir zuzuhören, ist immer inspirierend.

Und danke an meine großartige Yoruba-Lehrerin, Boluwatife Ogunlade, für deine Hilfe, wann immer ich Fragen zu Yoruba habe. Und für deine Geduld, als du mir all diese Tonzeichen beigebracht hast.

Danke auch an Richard Pickard und Faridah Abike-Iyimide für euer offenes Ohr und eure ermutigenden Worte.

Und wie immer danke euch, meine tolle Leserschaft.

Anmerkungen der Autorin

Vor vielen Jahren habe ich Olumo Rock in Nigeria besucht und ich erinnere mich wie unglaublich fasziniert ich von dem uralten Felsen und seiner Hüterin, der Iya Orisha Olumo gewesen bin. Die Priesterin hatte ihn bis zu ihrem 136. Lebensjahr, also bis 2002, bewohnt und die Krönung von vier Königen miterlebt.

Olumo beschützte die Yoruba jahrhundertelang – während Völkerkriegen, den Angriffen der Dahomey-Kriegerinnen, während der Ankunft von Missionaren und Kolonialisten. Als ich damals hoch oben auf einem Felsvorsprung saß, spürte ich seine magische Kraft. Es war, als wollte der Felsen mir die Dinge erzählen, die er gesehen hat. Damals hatte ich noch keine Ahnung, dass ich Jahre später schreiben und Olumo Rock Teil meiner Geschichte werden würde.

Ich finde es beeindruckend, wie Juju und der Glaube an Magie noch immer im modernen Nigeria nachhallen wie flüsternde Geister, die sich einfach nicht vertreiben lassen. Oft schwirrt noch das Übernatürliche in der Luft. Gruselgeschichten über zwielichtige Gestalten, verfluchte Flüsse, die rachsüchtige Madam Koi Koi, die nachts Internate heimsucht, oder über Geister wie die Abiku lassen mich sofort nach Stift und Papier greifen.

Die Geschichte über Taras Suche nach ihren Wurzeln und letztendlich sich selbst ging mir sehr nahe. Ich hatte augenöffnende Gespräche mit Adoptivkindern und -eltern, die unterschiedlichen Kulturen und Rassen angehörten und hoffe, dass ich Taras Perspektive mit dem nötigen Respekt und der nötigen Sensibilität vermitteln konnte.

Die Auseinandersetzung mit dem Thema Identität und Heimat kenne ich auch selber. Ich bin als Kind nigerianisch-deutscher Abstammung in Nigeria aufgewachsen und dann nach Europa umgezogen. Braun zu sein, in einer Welt mit überwiegend Schwarzen oder Weißen, nicht wie die Eltern auszusehen, bedeutet immer wieder Fragen zur Herkunft. Woher kommst du? Wo ist deine Heimat?

Auch Lola fühlte ich mich verbunden, ich spürte ihren Schmerz bei dem Versuch, ihren Platz in der Welt zu finden. Homosexualität ist in Nigeria gesetzeswidrig. Queere Menschen werden verfolgt und festgenommen. Jeder Mensch sollte das Recht haben zu leben und zu lieben, wie er/sie will.

Die Idee für dieses Buch kam mir bei der Vorstellung zweier

voneinander getrennten Schwestern. Zwei gebrochene Herzen und eine Jahrhunderte-dauernde Suche nach Antworten.

Am Ende findet Tara ihre Antwort. Dank ihrer Reise nach Nigeria findet ihre unruhige Seele Frieden, und sie kann zu ihren Eltern zurückkehren. Während ich diese Geschichte schrieb, wurde mir klar: ›Zuhause‹ ist kein fester Ort. Zuhause ist einfach da, wo du dich wohl und dich geliebt fühlst. Zuhause ist ein Ort in deinem Herzen.

Efua Traoré
München
2024

Von Efua Traoré ist bei KARIBU bislang erschienen:
– Die Kinder des Treibsands

WEIT WEG UND VOLL DRAUF!

ZWEI FREUNDE AUF DER FLUCHT – OHNE RÜCKSICHT UND OHNE REGELN

FRANK MARIA REIFENBERG / **SCHEISS WAS DRAUF**
ISBN 978-3-96129-447-3 / AB 14 JAHREN

WWW.KARIBUBUECHER.DE

QUEER, KLUG, UND EIN BISSCHEN VERLIEBT

YAMI HAT EINEN PLAN – ABER DIE LIEBE HAT IHREN EIGENEN

SONORA REYES / **THE LESBIANA'S GUIDE TO CATHOLIC SCHOOL**
ISBN 978-3-96129-464-0 / AB 14 JAHREN

WWW.KARIBUBUECHER.DE

KARIBU
Ein Verlag der Edel Verlagsgruppe

1. Auflage 2025
© 2025 Edel Verlagsgruppe GmbH
Neumühlen 17, 22763 Hamburg
Redaktionsanschrift:
KARIBU, Edel Verlagsgruppe GmbH
Kaiserstraße 14a, 80801 München
Die englischsprachige Originalausgabe erschien 2024
in Großbritannien unter dem Titel »Sister Spirit«
bei Head of Zeus Ltd., Teil der Bloomsbury Publishing Plc.
Head of Zeus Ltd., 5-8 Hardwick Street, London EC1R 4RG
Übersetzung: Dejla Jassim
Lektorat: Katharina Herzberger
Umschlaggestaltung: Christian Keller, unter Verwendung von
© African footage, FlyingX, Eisfrei, Elina Li, Igor Link/Shutterstock.com
Innenillustrationen: Elina Li/Shutterstock.com
Layout & Satz: Uhl+Massopust, Aalen
Druck: GGP Media GmbH, Pößneck
ISBN: 978-3-96129-434-3
Printed in Germany

https://karibubuecher.de/kontakt/
https://edelverlagsgruppe.de/kontakt/